不怕牺牲　不畏艰难

百折不挠　艰苦奋斗

万众一心　敢于胜利

英勇斗争　无私奉献

时隔80年的对话

——太行精神传承故事

蒋 殊 / 主编

山西出版传媒集团
山西人民出版社

图书在版编目（CIP）数据

时隔80年的对话：太行精神传承故事 / 蒋殊主编.
太原：山西人民出版社，2025.8. — ISBN 978-7-203-13552-4

Ⅰ.D642

中国国家版本馆CIP数据核字第2024FG9640号

时隔80年的对话：太行精神传承故事

主　　编：	蒋　殊
责任编辑：	李建业
复　　审：	高　雷
终　　审：	武　静
装帧设计：	阎宏睿

出 版 者：山西出版传媒集团·山西人民出版社
地　　址：太原市建设南路21号
邮　　编：030012
发行营销：0351-4922220　4955996　4956039　4922127（传真）
天猫官网：https://sxrmcbs.tmall.com　电话：0351-4922159
E – mail：sxskcb@163.com　发行部
　　　　　sxskcb@126.com　总编室
网　　址：www.sxskcb.com

经 销 者：山西出版传媒集团·山西人民出版社
承 印 厂：山西出版传媒集团·山西人民印刷有限责任公司

开　　本：890mm×1240mm　1/32
印　　张：6.375
字　　数：140千字
版　　次：2025年8月　第1版
印　　次：2025年8月　第1次印刷
书　　号：ISBN 978-7-203-13552-4
定　　价：60.00元

如有印装质量问题请与本社联系调换

前辈，请放心！

◎ 蒋　殊

"你说，我们今天做的这一切，以后的人会知道吗？"

一句含泪发问，来自80年前的战场，直击灵魂。

这句话同时考问的也是后人。

会知道吗？会记得吗？一次又一次，我在内心问自己。

10年前，纪念中国人民抗日战争胜利70周年之际，我回到我的家乡——抗战时期八路军总部所在地武乡，那里，是朱德总司令亲手种下"红星杨"的地方；那里，是八路军一二九师七七二团团长叶成焕倒下的地方；那里，是河北16岁少年靳振武牺牲的地方；那里，是无数奶娘奋起保护八路军后人的地方；那里，是母亲叫儿打东洋、妻子送郎上战场的地方……那是孕育太行精神的地方，也是埋葬了无数英魂的地方。

那样的地方，当年是什么样？此后，我与13位可以沟通交流的抗战幸存老兵对坐，看他们抚摸着身上留下的永恒伤疤，讲述残酷的烽火岁月；我又从西向东寻访，与知情者走进一处又一处惨案遗址，还原不堪回首的过往。

可是，知情者少啊！他们努力挖掘出来的有限记忆，也残缺得支离破碎。

可是，他们的疼痛无限，他们的伤痕仍在！犹记，老兵郭贵云提到抗战影视，含泪摇头说"不能看"；犹记，抗战年代跟随牛羊日日奔跑在山中的赵炳旺几次用手帕拭泪并摆手道"不想说"。"不能看"，一看就要回想到过去；"不想说"，一说就会碰到疼痛。

我们深知这疼痛，于是一直以来，都在努力挖掘、整理、记录。我们以为，记录就是对前辈最大的尊重。但是，把曾经写在纸上，就够了吗？就是铭记的最好方式吗？今天的我们，还能做些什么？他们的遗志，怎样才能继承好？他们的精神，怎么才能传承下去？

带着疑问，我再回武乡。行走之间，耳边一直有一个声音在回响：以后的人，会记得吗？

我问老乡,会记得吗?

老乡憨憨一笑,果断一指:走走看!

前方,就是八路军太行纪念馆。川流不息的人流、随地奔跑的孩童、身着"八路军服"的小小讲解员,让人欣慰无比。

这人流中,还有一群特殊的人,他们一次次走进并触摸武乡那片红,细细掘出我要的答案。

郝雪廷、孙俊堂、常晓宇告诉我,自1976年李彦南有了创建八路军纪念馆的想法后,一群志同道合者从此开启了漫长的筹建之路。首任馆长王留大,同道人李志宽、孙如珍、王照骞等人团结协作,逢山开路,遇水架桥,从1977年到1988年,经历了从选址、史料收集到馆名变更的重重曲折,到开馆,整整历时11个春秋。1988年开馆,2002年二期扩建,2004年扩建改陈,2008年百团大战半景画馆建成,2011年八路军将领馆对外开放,2015年继续升级改造……至今已经历了五任馆长的努力,五代馆员的接力,让八路军太行纪念馆华丽蜕变为国家一级博物馆与4A级旅游景区。

这样的接力,在武乡多吗?

韩丙祥告诉我，1940年，八路军在刀把嘴村成功试制出第一支柴胡蒸馏液，今天的村民与当初制药厂的两个分支——华润双鹤制药集团与远大医药（中国）有限公司密切联系，成为心心相印的一家人；李左、李文英告诉我，抗战时期武乡83名盲艺人在抗日宣传誓师大会后成立了太行抗日救国盲人曲艺宣传队，今天后继有人，比如常惠斌，比如孙晓芬，比如张立君，让红色歌曲响彻太行；宋玲告诉我，当年，一批又一批烈士英勇献身，尸骨零散安葬在地头墙根，今天，2340名烈士遗骸从各处集中，体面安葬在八路军烈士陵园，受到全县百姓对待家人般的敬重；张红伟告诉我，为了找回历史，姜向东不仅花费7000多元将1938年到1949年的全部《新华日报》（华北版）买到手，还历时一年半从这3000多份4000多万字的报纸中，整理出50万字关于抗战时期武乡的报道结集出版；梁红玉告诉我，当年惨烈的关家垴战场，成为今天关家垴村的英雄高地，迎候一批又一批瞻仰的人走进；李国清告诉我，一个叫籍贵先的人，在岁月中一件件打捞抗战旧物件，使之成为可以代代传承的珍贵藏品；采禾、蒋平、白露用不同的方式告诉我，下北漳、石圪垤、温庄、左会、安乐庄、炉家掌、石板,一个个村庄里都能看到文艺的春天;又有一拨又一拨人告诉我,关于武承周,关于魏书文,关于田悦慧,关于杜煜,关于刘东萍,关于肖建廷的故事,他们都是土生土长的武乡人,他们从"40后"到"90后"不等,然而他们信念一致,那就是沿着老区红色文化开路人与拓荒人的足迹,继续守护英雄,以自己的方式传承太行精神。

抗战时期的武乡,进行过大小战斗6368次,共有八路军将士、武乡民兵游击队及广大民众2.2万人为国捐躯。牺牲在这片土地上的团级以上将领15人,他们与无数寂寂无闻的英雄一道,在这片热土上耸立起一座座丰碑。

他们为谁而死,我们为谁而活?

他们当年做的一切,我们今天还记得吗?

我欣慰,走过武乡,找到答案。他们不愧是八路军总部所在地成长起来的人,他们代代接力,用实际行动续写了太行精神。

这些文字,不仅仅是一些文字,而是一场对话,是对80年前那声考问做出的回答。

今天的武乡,发生了翻天覆地的变化,黄色厚重,绿色葱茏,然而再多的色泽,都无法掩盖那抹夺目的红!由这片土地滋养出的每一种色泽,都是这红的陪衬。

在武乡,红是永恒,红是底气。这鲜艳的红,已经成为老区经济腾飞、乡村振兴的重要推手!

前辈,请放心!

目录

精神，在馆藏中延续……………………………… 常晓宇 蒋 殊 / 001

倾力为烈士"安家"………………………………… 宋 玲 蒋 殊 / 010

刀把嘴，连通千里"柴胡缘"……………………………… 韩丙祥 / 019

不仅仅为了父亲…………………………………………… 城 洲 / 031

安乐庄，坚持守护"唯一"的荣耀………………………… 李 左 / 039

《新华日报》作证………………………………… 史纪言 张红伟 / 050

关家垴，高地精神永延续………………………… 梁红玉 蒋 殊 / 057

传播不息只为红…………………………………………… 蒋 平 / 064

下北漳，文化之火生生不息……………………………… 采 禾 / 073

抗战凯歌永远飘扬……………………… 孙俊堂 李 左 李文英 / 084

涓涓不息"圣人泉"………………………………………… 郝雪廷 / 100

青鸟长歌太行魂………………………………… 蒋 殊 常晓宇 / 108

炉家掌的春天…………………………………… 郝雪廷 李 左 / 117

沿着"名扬"的足迹………………………………………… 魏 苇 / 128

石圪垯的华丽蜕变………………………………… 白 露 李子艺 / 138

一家六代的接力守护……………………………………… 采 禾 / 146

001

温庄村，一处院落，两代守护……………………… 郝雪廷 / 154

八音，绵绵不绝石板村…………………………… 郝雪廷 / 162

接过爷爷的接力棒………………………………… 宋　玲 / 172

藏品背后的红色故事……………………… 李国清　蒋　殊 / 180

精神，在馆藏中延续

◎ 常晓宇　蒋　殊

80年前
NIANQIAN

地处太行和太岳两座大山之间的武乡，境内的石盘山、广志岭、崇城山、板山都是独特的天然屏障，历来为兵家必争之地。坐守武乡，就能扼守晋东南，既可阻断侵入华北的日军通过山西渡河到达延安，又能据守此地建立敌后根据地，开展敌后运动。

早在1933年8月，武乡县第一位共产党员、中共武乡县党组织主要创建者、中共武乡县委第一任县委书记李逸三，就主持创建了第一个党组织，在暗夜的小山村里点燃了革命斗争的星星之火，举起了宣传革命的猎猎大旗。到1938年初，武乡县发展党员便达到2500名，建立党支部143个。

中国人民解放军军史和中国革命史中，频频出现武乡的名字。

1937年7月7日卢沟桥事变之后，抗日战争全面拉开。仅仅4个

1965年维修改陈后的"武乡革命历史展览馆"（王照骞 供图）

月之后的1937年11月14日，八路军总部朱德总司令、彭德怀副总司令和左权副参谋长等领导人首次进驻武乡。从这天开始到最后一次离开的1942年6月17日，八路军总部在不到5年时间里先后进驻武乡5次，驻扎时间长达536天。

八路军总部进驻次数最多、驻扎村庄最多，奠定了武乡在中国抗战历史中的显赫地位。

这片土地，从此刻下光辉的印迹，让历史得以改变。

536个日子，有烽火弥漫，有硝烟四起，有军民鱼水，有携手共进。

536个日日夜夜，朱德、彭德怀、左权等战功显赫的领导人仡马太行、运筹帷幄，与一二九师师长刘伯承、政委邓小平一道，率领八路军战士浴血奋战，战胜重重困难，与敌作战1万多次，歼敌10万余人。

抗战时期，先后有8个旅、31个团在武乡战斗与生活。在这片热土上，留下一代开国元勋与将领的光辉足迹。开国将领中5位元帅、5位大将、23位上将、51位中将、311位少将都曾在这里战斗、工作和生活。

　　铸就武乡这片土地的血性与风骨的，不仅有热血男儿的铮铮铁骨，还有柔弱女子的不让须眉！听听这些闪亮的名字吧：来自中央北方局妇委的浦安修、刘志兰、卓琳、王泓、马玉书、孙明、黄娣、徐若冰等人，来自"抗大"总校的郝治平、傅涯等人，来自我国现代革命斗争史上著名的妇女运动领导人康克清、李伯钊、刘亚雄等人，均在这里长期生活、战斗过，并领导和组织了当地妇女解放运动，她们以女性的坚韧与倔强，带领勤劳勇敢的太行妇女冲破封建牢笼，投入大生产运动，甚至走上抗日战场，为争取抗日战争的最后胜利贡献了卓越的力量，使武乡成为华北妇女抗日救国运动的中心，在根据地妇女运动史上写下光辉的一页。

　　一个个风云人物，在这片土地上大刀阔斧，开启了一个个崭新的篇章。到1940年，八路军队伍已壮大到40万人，收复县城150座，解放敌后人民4000万，迎来抗战胜利的第一缕曙光。

　　淳朴善良的武乡人民，在这样的阵势中，在这样的氛围下，自然是誓死保家园，热血卫吾华。出粮、出兵、出干部，一批批青春男儿奔赴战场，一个个如花女子救死扶伤。身处后方的普通百姓也不甘落后，奋起支前，仅支援军粮一项就高达20万石。

　　武乡的小米养育了八路军，抗战的烽火也历练了武乡人。当时，不足14万人口的武乡，参加各类抗战团体的民众竟达9万人之多，报名参加八路军的武乡子弟达14600多人。

他们奔赴的目标,是战场;他们奔赴的前方,是刀枪。全民族抗战14年,武乡兵民血洒疆场为国捐躯的烈士竟达两万人之众!

那个时候,军爱民,民拥军;那片土地,前赴后继,热血沸腾。

在武乡战斗与工作过的老首长深情表达了对这片土地的赞扬:"领袖的足迹在这里留下,人民的军队在这里壮大,民族的脊梁在这里挺起,时代的精神在这里升华……"

武乡,是名副其实的八路军之都,民族脊梁!

武乡,是一座没有围墙的抗战历史博物馆,是抗战年代支撑中华奋战大厦的坚强基石!

武乡,更飘扬着一首首永远唱不完的英雄之歌!

1972年7月1日,武乡革命纪念馆在今天的八路军太行纪念馆广场东侧落成并开馆 (王留大 摄)

80年后 NIANHOU

八路军太行纪念馆的建设与完善,是一场80年不间断的持续接力。

早在1964年3月,国务院就将武乡县确立为全国第一批重点开放县(共10个,山西有2个)之一,为接待来自世界各国的宾客,武乡县成立了外事办公室,向外宾介绍中国抗日游击战争的经验。在武乡县委的领导下,在最短的时间内组织了一支最精干的队伍,时任武乡外事办主任的李彦南带领团队成员开始着手修复革命遗址、搜集革命遗物、整理抗战史料。这一时期,李峪村地雷战遗址、长乐村战斗主战场遗址、关家垴歼灭战遗址、漆树坡窑洞战遗址、蟠龙围困战遗址得到初步修复。他还发动老党员、老民兵、老游击队员现身说法,比如请地雷大王王来法(电影《地雷战》原型人物)介绍地雷战法和英雄事迹,抢救性留下许多亲历者的讲述史料。

在全体成员的积极努力下,1970年4月,武乡革命纪念馆建成,1972年7月1日对外开放,成为第一个反映八路军在武乡抗战的微型革命历史博物馆。

八路军将领组雕 （郝雪廷 供图）

1976年，随着国内外游客的逐年增多，武乡革命纪念馆在展陈规模上的局限性和展览内容上的历史残缺性越来越无法适应当时的形势，李彦南、王留大、李志宽、孙如珍、王照骞、李步青等人积极呼吁筹建八路军总部太行纪念馆。1977年，武乡县委组建筹建班子，由李彦南等人着手筹建工作。筹建组以李志宽早期搜集到的大量八路军抗战故事和民兵支前故事为第一手资料，并深入太行山腹地探寻八路军足迹，采访老八路、老房东，全面搜集散落在民间的革命历史史料。随后，他们赴京参观军事博物馆、历史博物馆，请教那里的抗战史专家，拜访革命前辈，重走抗战时期太行山的革命斗争遗迹、参观晋冀鲁豫烈士陵园等，搜集到大量珍贵的历史资料、图片和文物，呕心沥血编写出《八路军总部太行纪念馆陈列提纲》。

在县委及筹建组的领导和授权下，孙如珍等人多次赴京拜访中央领导，为筹建八路军总部太行纪念馆辗转奔波。在彭德怀夫人浦安修的帮助下，1979年9月28日，邓小平同志亲笔题写馆名"八路军太行纪念馆"赠予武乡，八路军太行纪念馆的筹建终于迈出关键性的一步。随后，杨尚昆、薄一波、徐向前、聂荣臻、秦基伟、刘华清、陆定一、陈锡联、李德生、黄镇、康克清、李达等20多位中央领导为纪念馆题词。1988年9月3日，在武乡县委5任书记的接续努力下，在筹建处同志近10年的奔走辛劳中，八路军太行纪念馆落成。筹建组成员之一、时任中共武乡县委宣传部副部长的王留大担任第一任馆长。之后，通过10余年的励精图治，纪念馆工作终于走向规范化运作阶段。

1990年11月9日，徐向前元帅的骨灰撒在八路军太行纪念馆背后的凤凰山上，武乡2000名干部职工参加葬礼，静默哀悼。

2004年10月，八路军太行纪念馆改陈扩建。馆长魏国英带领全体人员经过9个多月奋战，于2005年8月将基建工作全部竣工、陈列展览全面完成。八路军太行纪念馆的面貌从此发生了翻天覆地的变化，占地面积扩大为原来的2倍，展厅面积扩展为原来的3倍多，不仅主馆扩建，还新建了东西两馆，全面提升了展陈条件，极大丰富了展览内容。展馆首次运用声、光、电等现代手段，辅以沙盘、雕塑、绘画以及别具特色的100米文化墙艺术品展现，全方位、多视角地再现了八路军华北抗战的历程。从此，八路军太行纪念馆走上了现代化发展的新征程。

2005年8月17日，中央电视台"心连心"艺术团在八路军太行纪念馆演出，100名抗日老战士、老民兵、老干部、老支前模范及老区人民一起现场观看。

2007年9月12日，19名将帅子女抵达武乡县，举行"将帅子女太行行"活动。

八路军太行纪念馆全景　（郝雪廷　供图）

2008年10月31日，"革命后代情系太行"纪念活动在八路军太行纪念馆举行，160余位著名将帅子女重返太行山参加。

之后，八路军太行纪念馆继续接力，以弘扬太行精神、宣传八路军抗战历史为使命，在宣传教育、文物保护、陈列展览、历史研究等方面务实钻研、全面发展，不断为打造全国唯一一座全面反映八路军抗战史实的大型革命纪念馆而努力。

2023年，第四任馆长史永平带领团队成员与时俱进，再接再厉，使得八路军太行纪念馆通过国家一级博物馆运行评估；入选首批"山西文化记忆"项目、山西省第一批廉洁文化阵地目录、第二批省级文博研学基地培育名单；获赠建党百年庆典天安门广场百面红旗之一（编号45），被授予中华人民共和国国史教育基地；全年征集文物、

图书资料23件(套);对馆藏148件(套)文物实施数字化保护;搜集、整理红色标语类可移动文物240件,完成年度文物库房整理;全年免费接待全国观众90余万人次……

2024年12月,八路军太行纪念馆迎来第五任馆长石永兵。下一步,将立足红色文化的深入挖掘,开展八路军文化协同研究,坚持传承与弘扬太行精神,并围绕建设国家5A级旅游景区和红色旅游融合发展试点目标,通过国家一级博物馆提质增效、革命文物协同研究中心建设、文旅设备更新提升等,提升革命文物管理水平,加快推动数字化转型,持续完善基础设施建设,让展览展示创新,让文物活化,让观众看到一座真正的新时代太行精神纪念馆。

而今,八路军太行纪念馆讲解员队伍不断壮大,综合素质全面提升,宣教功能日臻完善。不仅接待游客,还持续举办社会教育活动,进社区、进学校、进机关、进部队、进企业,举全力让太行精神光耀千秋!

八百里太行雄风浩荡,凤凰山上松柏苍苍。遥想当年,八路军将士腥风血雨战太行,甘洒热血卫吾华!如今,在他们血战过的沙场,在他们长眠后的土地,在他们魂牵梦萦的地方,在人们无限神往的圣地,有一座纪念的丰碑,永恒耸立!

倾力为烈士"安家"

◎ 宋玲　蒋殊

80年前
NIANQIAN

全面抗战中,八路军与武乡民兵、游击队配合,在武乡这片土地上先后与日军进行了大小战斗6368次,平均每天作战2.3次。一个仅有1610平方公里的小县,每天都是东边有战火,西边有枪声。为了保卫这块神圣的红色根据地,八路军将士、武乡民兵游击队以及广大民众,有2.2万人为国捐躯。八路军团级以上将领就有15人牺牲在武乡这片土地上,他们是叶成焕、丁思林、贾西章、朱秋溪、吴定一、吴龙主、凌则之、谢家庆、苏精诚、高自辅、郭国言、尹立海、彭光、刘致中、赵玉珍,还有很多没有名字的烈士都长眠于武乡,这块红色的土地,每一把土都被烈士的鲜血浸染过。

1943年农历五月二十五,正是麦黄季节。像之前每一天一样,太阳照常升起。

86岁的冀家垴村民魏晋文记得清楚,他说,没错,太阳出山了。那一年,他12岁。那一天,他跟着家人刚刚从逃难的山里回到村中的花儿坡,但一阵激烈的枪声把他们又吓了出去。

枪声来自村上边老槐下的两个院子中。这是两户抗日堡垒户,一是魏海棠,一是杨天中。极端残酷的情况下,他们以崇高的思想觉悟舍生忘死,保护着八路军战士。一次又一次,八路军在他们的院子里商定完一件又一件大事,转移走一批又一批战士。然而这一次,出了岔子。老槐下机枪瞄准,两座院子已经被包围。

前一天傍晚,还风平浪静。宁静的冀家垴村迎来一批特别的人。他们一个一个,从老槐下经过,走进两座院中,洗漱、吃饭。来人由八路军七六九团郭排长带领,是20名刚刚从河北涉县、武安等地招来

烈士曾经简陋的埋葬环境　　烈士遗骸　　　　　　　　墓内烈士勋章

(以上三图均为刘晓维供图)

的新兵。踏上异乡土地的第一夜,一颗颗年轻疲惫的心压抑着兴奋,也压抑着不安。他们认真整理好神圣的军装,抱枪入怀,以战士的姿态入梦。离别的、杀敌的、团圆的……真真切切、凌凌乱乱,他们做着一个又一个从百姓到战士的梦。

天明,他们第一眼看到这个异乡的新村。这是他们即将走上战场的新村,即将立下战功的新里程。

命令还未下达,枪声却已响起。

小战士们下意识地抓起还未用过的枪。可是,一切都太晚了。日军在汉奸魏黑山的带领下一早便赶来,把枪瞄向这些毫无准备的战士。

突围的路上,布满枪口。老槐下的机枪,叫嚣着疯狂扫向这些稚嫩的身体。从傍晚到清晨,他们还没完全看清这个村庄的面容,便一个接一个带着满心遗恨,倒在血泊中。

远大的杀敌梦,止步于汉奸可耻的告密。

仅仅一上午光景,冀家垴就换了天空。平静的空气中,汩汩流淌着鲜血的回声。这些战士,有的在院中,有的刚刚爬上茅厕的墙,有的止步于大门台阶,还有的倒在村中的楸树圪洞。地点不同,姿态各异,然而那一颗颗年轻的心,多么想以飞翔的姿势,冲出这噩梦般的场景。作别父母,端起枪,他们渴望兑现承诺,战场立功。他们多么不愿意,这样不声不响丢了性命。

壮志未酬身先死,多少遗恨在心中。

在武乡，类似这样的牺牲，一批又一批。条件有限，烈士的遗体，只能就近掩埋在各个乡村。

8年后 NIANHOU

今天，一座规模宏大的烈士陵园坐落在武乡，安葬着2340名烈士的遗骸。

这里，已经成为抗战时期牺牲在这片土地上众多有名的、无名的、本土的、异乡的烈士共同的家。

可是，八路军烈士陵园的建成真不容易，从一开始有了修建设想，到审批项目、申请资金、设计规划、寻找烈士遗骸……很是经历了一番曲折。

当年主抓此项工作的县民政局局长关国庆，今天已经成为县政协副主席。回忆往事，他依然记忆犹新："那几年，没有休过一个星期天。"

黝黑的皮肤、坚定的目光、泛红的眼眶，关国庆拍拍手中那本16开大小、约5厘米厚的工作记录，指指旁边的八路军烈士陵园管理中心主任刘晓维说："这都是他记录的，当时他是民政局办公室主任，这里面详细记录了2012年以后几年民政局的工作日程。现在翻开，其中最多的工作条目就是修建八路军烈士陵园。那时候，全局上下所有的工作人员都在加班。当然还有县四大班子领导，他们时刻盯着进度，都付出了常人难以想象的艰辛。"

缓了缓心绪，他又说："不过细想想，与抗战时期奋战在这片土地上的战士们比起来，这算得了什么？"

"八路军烈士陵园有几个特殊数字：6368、2.3、1610、2.2、15……"他一一做了解释。

6368——指的是全面抗战时期，八路军在武乡与民兵、游击队配合，先后与日军进行的大小战斗次数；

2.3——是八路军平均每天作战的次数；

1610——是武乡总面积（平方公里）；

2.2（万）——是全面抗战中牺牲的八路军将士和武乡民众总数；

15——是长眠于这片土地上的八路军团级以上将领人数。

经过多次研讨、论证，于2012年启动了八路军零散烈士遗骸集中安葬工程，开始建设武乡八路军烈士陵园。在2013年"第三届八路军文化旅游节"闭幕式上，面向全国启动了"寻找八路军烈士遗骨、征集八路军烈士遗物"活动。

武乡县委、县政府为此召开了六次专题会议，成立了"八路军烈士陵园建设工程领导组"，责成县民政、发改、国土、交通、文物、城建、财政等多部门及有关乡镇政府，联手行动……

县民政部门申报项目请示，县发改部门着手审核立项，县交通城建部门勘测规划，县国土部门协调征用土地，县文物部门走访寻找零散墓群，县财政垫付资金支持工程运作……八路军烈士陵园工程建设领导组成员组队出发，分赴河北、四川、江苏等省及山西襄垣、平顺等地参观考察烈士陵园纪念设施，为建设八路军烈士陵园找参考、借思路、寻设计。

一行人马不停蹄，翻山越岭，跑遍武乡的山山水水、沟沟坎坎，为烈士陵园选址。几经比较，几番讨论，多次研究，反复审核，最终确定了故县乡里庄村东——长乐战斗旧址，作为八路军烈士陵园的最佳建设地点。

与此同时，聘请了山西久一建筑规划设计有限公司进行初步规

现在的八路军烈士陵园　（李晓斌　摄）

划,邀请中央美院专家到长乐战斗旧址考察,聘请北京天泉佳境陵园建筑设计公司、北京北林地景园林规划设计院进行二次规划设计……

时任中共武乡县委常委、宣传部部长、副县长的魏书文亲自领导这项工程,先后组织有关部门负责人外出考察烈士陵园纪念设施,多次组织有关设计部门工程技术人员会商设计内容,听取论证规划方案,并奔赴市、省、中央汇报前期工程情况。县委、县政府领导多次深入工地检查指导,听取设计单位规划设计方案,督促加快工程进度,保证工程质量。市委、市政府领导也多次亲临现场指导,指示各部门通力合作,协调行动,全力以赴,为工程一路开启绿灯,特事特办,快批快办!

时任山西省省长李小鹏对八路军烈士陵园建设报告作出批示:"此事意义重大,必须高度重视,庄严、隆重、热烈办好。近期应专门研究,请民政、发改、财政等部门认真研究,准备批复方案!"

民政厅领导也多次亲赴武乡,进入施工现场考察、调研,提出工程建设要求和意见。八路军烈士陵园建成后,县民政局的同志们倾巢出动,与各乡镇、村紧密配合,寻找散落在各处沟沟梁梁上的烈士遗骸。

民政局优抚科科长李跃峰对当时的情景记忆犹新:"那些天,我们起早贪黑,无论是烈日当头还是阴雨不断,一直坚持工作,唯一目的就是两个字——'寻找'。"出现在他们眼前的一具具遗骸,有的头颅洞穿,有的胸骨断裂,有的四肢残缺……

刘晓维对陵园的情况更是无比熟悉,他详细而精准地记着一串数字:八路军烈士陵园始建于2014年,规划占地300亩,其中墓区占地110亩,规划设计墓穴5000座,已建成墓穴2890座。2015年8月28日,集中安葬烈士1738名;2016年4月2日,集中安葬烈士524名;2019年4月4日,集中安葬烈士4名;2022年4月2日,集中安葬烈士57名。截至目前,先后组织4次集中安葬,共掩埋八路军零散烈士2340名,其中武乡籍八路军烈士1067名、武乡籍其他烈士13名、外籍八路军烈士608名、无名烈士652名。埋葬的烈士涉及山西、河北、河南、四川、湖北、山东、陕西、安徽、甘肃、江西、湖南、浙江、北京13个省市。

现在的陵园,墓区共13个平台,其中轴线东边6个、西边7个。安葬的烈士按照牺牲时间,从墓区第一平台向下顺延。安葬在此的烈士年龄最大的叫崔付山,河南内黄人,1940年2月在武乡段村战斗中牺牲,时年45周岁;年龄最小的叫张崇才,1926年出生,河北宁晋人,1938年参加革命,八路军一二九师三八五旅十二连战士,1940年10月在武乡大水凹牺牲,当时年仅14周岁。一串串冰凉的数字,曾经却都是一个个鲜活的生命。

有了这座烈士陵园,壮士归来!英雄回家!先辈们团聚!

千千万万的英烈们,在武乡有了一个温暖的家。此后逢年过节,总有络绎不绝的人来这里祭奠、哀悼、追思。一传十、十传百,武乡县八路军烈士陵园在全国引起极大反响。2020年9月1日,八路军烈士陵园被国务院公布为第三批国家级抗战纪念设施、遗址名录。

2021年11月，确定收入省级第一批红色文化遗址名录；同年12月确定为市级保护烈士纪念设施。

目前，武乡县八路军烈士陵园每年接待前来祭扫、凭吊的各界群众达2万人次，成为意义重大的革命教育基地。每年清明节前后，也会有许多人自发前来进行植树。

如今，陵园内一棵棵树木挺拔傲立，如同当年一个个战士，在这片红色热土上化作一座座不倒的丰碑！

刀把嘴，连通千里"柴胡缘"

◎ 韩丙祥

80年前
NIANQIAN

1939年7月，八路军总部转战山西武乡砖壁村，刚刚组建不久的前总卫生部制药所也随之迁入砖壁村附近的刀把嘴村。

武乡东部山区野生药材非常丰富。制药所的同志们一到达，就在茫茫大山中看到漫山遍野的柴胡、党参、大黄、黄芩、连翘、远志、山杏仁、五加皮、苍术、苍耳……于是迅速投入试制生产中，先后生产出"行军丹""党参膏"等各种膏、丸、丹、散中药制剂，初步打开自制药品的局面，并迅速增加人员扩大生产，将制药所扩编为野战卫生材料厂。

1940年冬，根据上级精神，总部后勤机关率先进行精兵简政。一二九师卫生部制药厂并入野战卫生部卫生材料厂，实行分厂制专业化生产，下设玻璃厂、酒精厂、奶牛厂、制药厂、绷带厂5个分厂。尤其

八路军卫生材料厂工人在翻晒中草药

1943年3月17日,《新华日报》（华北版）刊登的卫生材料厂（利华药场）试制成功柴胡注射液的报道

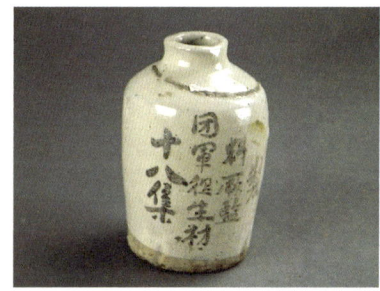
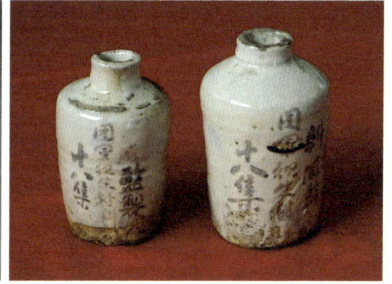
八路军卫生材料厂制作的药品罐

是玻璃厂与酒精厂的组建，为中药西制提供了可能，奠定了基础。

其后不久，5个分厂又合并为制药厂与材料厂。制药厂主要负责药品研制开发和生产；材料厂生产酒精、绷带，并试制安瓿。

当时，由于痢疾盛行，战士们多有感染，但熬制中药携带不便，卫生部首长便下达了"将柴胡用蒸馏法提取有效成分，制成注射液"的指示，制药所的韩刚、李昕带领技术人员利用当地野生柴胡，土法上马，自制装置，开始试制柴胡蒸馏液。材料厂的常丹桂、吕凤岐带领技术人员利用当地煤炭、石英石和土芒硝，自制炉窑，用农家泡菜坛做坩埚，用枪筒子做吹管吹玻璃管，试制出供针剂用的安瓿。两厂合作，以土代洋，在刀把嘴村成功试制出第一支柴胡蒸馏液，开创了土法中药西制的先河。1941年5月1日，受到晋冀豫边区大会奖励，主要发明人韩纲被野战卫生部授予"创造发明家"。

1943年3月17日，《新华日报》（华北版）以《医学界的新贡献》一文报道了药厂创新情况，称赞柴胡注射液研制成功是一重大创举。

村里流传至今的"碾成面面、压成片片、制成水水、吹成瓶瓶"这些口头语，指的就是制药和蒸馏的过程，村民目睹了柴胡注射液的试验与生产流程。

野战卫生材料厂来到刀把嘴后，使本来就缺水的村庄吃水更加困难了，制药厂厂长张其榜了解到实际情况后，把解决人畜吃水作为当务之急，主动与村里联系，帮助村里挖了旱池3座，打出旱井10余眼，彼时正遇秋雨连绵的季节，旱池旱井蓄水充足，既解决了部队与村民争水的问题，也解决了长期困扰村民春季缺水的难题。

当制药厂生产药材需要石碾石磨时，村民们就主动调整碾米磨面的时间，优先让给部队碾磨药材，并主动献出铁锅、陶缸、菜坛、竹筛等工具，解决制药生产中工具紧缺的困难。

部队采药人手不足时，村民就主动担负起带路、辨识中药、采集药材、收购原料等任务，村民韩保玉、韩培尧等人还主动参加了制药工作。

为了缓解根据地人民的负担，部队人员自己动手开垦荒地；村民提供种子与劳动工具，帮助种植粮食蔬菜。

因制药生产需要，军工人数逐渐增多，最多时达到130多人，尽管军工们打地铺、挤床位，但住房问题仍然紧张，村民就想方设法腾出房子让他们住。

总部卫生部与一二九师卫生部合并期间，村里的住房更加紧张，村民再次主动腾房，妇女们睡在土炕上，男人们临时打地铺，一个窑洞里常常要挤十多口人。那时候我的父亲只有四五岁，却记得钱信忠住在家中东房，孙仪之住在西房。孙政委的妻子秦仪华从伙房打回饭时，有时会分给他一些吃。因自己的孩子不在身边，秦仪华还经常给我父亲喂母乳。为答谢部队首长夫人对小孩的关照，我的奶奶也经常将做好的饭送给她。

制药材料厂转移到没有人烟的龙洞沟后，刀把嘴武委会便派出村民闫书堂、闫才保、韩米贵、张升庭、张魁昌、韩成堂等人，在一个半月时间内帮助制药厂修建起简易房屋90余间。村民韩贵荣、闫才保经常给制药厂送炭、粮等生活必需品，帮助制药厂度过最艰难的时期。有一次村民闫才保给制药厂运送物资时因中暑躺在路边，被路过的制药厂首长发现，用随身携带的药帮他缓解了病情。

1945年之后，制药厂迁至黎城北委泉、左权石佛寺、平定药林寺等地，其后一分为二，一支迁河北武安组建利华化学大药厂，后北上组建北京制药厂，现改制为华润双鹤制药集团；另一支迁河北磁县彭城镇韩家庄组建前卫制药厂，后南下组建武汉制药厂，现已改制为武汉远大医药（中国）有限公司，两个企业都成为我国制药界的领军企业。

刀把嘴村全景

制药厂后人寻根刀把嘴

刀把嘴村的村民对药厂工人记忆非常深刻，若干年以后，村民韩成堂还能说出一大串名字：张其榜、刘英桂、温萱、夏元红、周宝贤……并时常念叨：他们去哪里了？会不会回来？

首先回来的是张其榜，当年在刀把嘴村任卫生材料厂厂长、制药总厂厂长,后受聘进入北京制药厂。那年回村后,村民韩成堂一眼便认出了这位"张厂长"。

此后,北京制药厂、武汉制药厂等从这里走出去的制药企业多次组团陆续回到刀把嘴村。

北京制药厂分别于1986年、2006年、2019年和2023年4次回访刀把嘴。

早在2006年,已改制为武汉远大制药集团股份有限公司的武药人,就开始"溯源出发地,寻根刀把嘴",踏上寻根溯源之旅。他们在刀把嘴村立了石碑,赠送了"铭刻刀把嘴,柴胡天下扬"锦旗,将刀把嘴制药厂旧址确立为精神路标,村里也把当年制药厂留下的药罐送给药厂。

刀把嘴村口的精神路标

从2006年9月22日到2023年7月17日的17年间,武药厂60多名员工在时任董事长谢国范的带领下,扛着厂旗、队旗和印有"重上太行山,实现新跨越"字样的旗帜8次回访刀把嘴,每一次到来都要给村里捐助资金、药品,到药厂旧址接受革命传统教育。

全体村民永远不会忘记,

2006年9月22日武药厂组团到刀把嘴后准备离开时，天空竟然下起小雨。送行的村民二话不说，背起为来访者准备的小米及白豆，送至停在离村三里远的蚜蚄庙村的车上。返回的路上，村民又不顾雨淋，主动将武药厂因道路泥泞、无法上坡的车辆合力推上坡顶。分管此次活动的武药厂工会负责人孙主席回到武汉后，特寄来一份手书十余页的感谢信，字里行间称颂老区人民的热忱。

那个印有"十八集团军卫生材料厂"的药罐，一直被闫才保当宝贝一样珍藏到1988年，八路军太行纪念馆陈展时他无偿捐献出来，被认定为国家一级文物。

我的老父亲，此后一直把当年野战卫生部在家中住过作为荣耀之事讲给后人听。如今，只要有人到刀把嘴村参观或走访调研，他就主动担任讲解员，给大家讲80多年前发生在刀把嘴村的故事，比如住

2006年9月，武汉远大制药集团有限公司（武汉制药厂）回访团队在刀把嘴合影留念

2021年6月，武汉远大医药（中国）有限公司回访团队参观刀把嘴

2023年7月，武汉远大医药（中国）有限公司在刀把嘴制药厂旧址参观合影

在前院的卫生部马夫们把他放在马背上，比如秘书科的人员在西边院销毁过期文件。他说，那时候家家户户住着制药工人，经常看到他们刨药材、压片剂、吹安瓿。他还记得，野战医院的米勒大夫为节省空间，把手术床吊在房梁上；交通站交通员帮助我们家找到丢失的叫驴，并在闲时教村里的小孩子学习打拳……

2009年6月3日，应武药厂请求，刀把嘴村组织专人将当年曾经碾压药材的一盘石碾和一盘石磨送到武汉，当运送文物的车辆和护送人员进入武药厂大门时，威风锣鼓响起，武药厂干部员工夹道欢迎。捐赠场面空前，招待规模隆重。当有人在参观生产车间半开玩笑地问负责人"厂里招不招我们村里的人"时，对方爽快回答"只要是正规学校毕业，只要户籍在刀把嘴村，想来多少我们要多少"。

后来，确实有两名刀把嘴学子进入武药厂工作。

刀把嘴村的发展同样牵动着武药人的心。2021年，当得知村里采集的野连翘滞销时，他们协调下属的西安碑林制药厂全部收购，并建立了一条畅通的道地中药材购销渠道。

同时，武药厂还连续两年为文物保护捐赠5万元，使得部分革命旧址得以复原保护。

2020年初，新型冠状病毒肆虐江城，身处疫区的武药人成为刀把嘴村人的牵挂。尤其是1月23日后，他们把牵挂变成行动。2020年2月9日，刀把嘴村将村办碧塬茶厂生产的价值9万元的连翘茶，通过武乡

2009年6月，刀把嘴村与武汉远大制药集团有限公司文物赠送交接仪式现场

县红十字会捐赠给武药厂。

收到药茶后,武药厂回信致谢,表示将勠力同心、共抗疫情,争取早日战"疫"胜利。

2023年1月8日,全国疫情解除后,包村干部魏英忠与武药厂工会领导王静在隔屏聊天中,无意间提到刀把嘴抗病毒药物紧缺。没想到说者无意,听者有心,武药厂第二天就安排给刀把嘴村寄来2000盒"抗病毒口服液(无蔗糖)",为此,村委会及时回赠"全民防疫心连心,援手寄药情更浓"锦旗一面。

自2006年以来,武药厂为刀把嘴村捐赠资金,以及药品、书包等物资,共计100多万元,还帮助村里销售连翘等干药材2吨。刀把嘴村也给武药厂捐赠连翘茶、土特产及革命文物等,价值10多万元。

盛夏流火,山岭碧透。2023年7月17日,在通往山西省武乡县韩北镇刀把嘴村的道路上,一支由武汉远大医药(中国)有限公司60多名中高层人员组成的团队第八次出现。

一如既往,离村三里,提前下车,排着整齐的队伍,迈着坚实的步伐,怀着虔诚的心愿,在副总裁张建国等公司领导的带领下,团队高唱着《在太行山上》,向村中进发。

早已站立村头的村干部和村民很快融入来访团队,开启了一声声的嘘寒问暖。

太行药业牵手刀把嘴

位于长治市的山西太行药业股份有限公司,成立于1970年,原名山西省长治六二六制药厂,至今已有50余载发展历史。身处太行山中的他们深知,要想在风云变幻的医药行业立足,必须坚守初心,秉承太行精神,以"推广经方国药,造福广大百姓"为愿景,将传承发扬中医药作为企业使命。

多年来,太行药业精选张仲景、张元素、张景岳、吴鞠通等神农岐黄后继医家杰出代表的经方原方,与全国知名科研机构合作,开发形成以桂枝颗粒、正柴胡饮胶囊、清开灵系列为代表的经方国药系列产品。

1981年10月,一个特殊的人物现身太行山中的长治六二六制药厂,他就是周恩来总理的医疗小组组长吴阶平院士。他将药厂更名为"山西太行制药厂",并亲自题写了厂名。

太行药业与刀把嘴村携手将中国第一支柴胡注射液发扬光大

吴阶平是周总理最信任的医生，20世纪70年代初，周恩来向邓小平特别提到"健康问题可找吴氏兄弟"。1976年，吴阶平又成为毛泽东遗体保护小组成员，圆满完成了遗体保护工作。这次的太行之行，他又为这片土地留下一个闪耀的名字。

从此，太行制药厂上下同心，以太行精神为己任，以百折不挠的精神奋勇向前，不断蝶变重生，在太行山中挺起了中医药的脊梁！

制药厂一代代发展到今天，从先辈手中接过重任的新时代年轻领导者王希茜不仅没有淡忘历史，而是更加坚守初心。因为柴胡的缘分，她与团队带着对前辈的崇敬，主动走进刀把嘴村，不仅给村民赠送了感冒药品，还以产业帮扶为手段，于2025年开始在刀把嘴村流转土地100亩，让村民种植柴胡，药厂每年定向按市场价收购，不仅保证了药品质量，同时也带动了村民增收。他们立志不辜负太行山的哺育，要与刀把嘴携手将中国第一支柴胡注射液传承下去并发扬光大。

不仅仅为了父亲

◎ 城　洲

80年前 NIANQIAN

　　1938年2月,武乡县枣烟村的武三林在村党支部书记李来庆的介绍下加入中国共产党,并任村武委会主任。他是一个非常敬业的民兵主任,也是一名很有担当精神的共产党员。上任后的他一心扑在抗日工作上,跟着游击队队长魏名扬,配合八路军送情报、送军粮、抬担架、救伤员、割电线、埋地雷、捉特务、捉汉奸……爷爷奶奶怨他不顾命,母亲怨他不顾家。但他总是说:"不把侵略者赶出中国,咱这个小家永远不会安宁。"他是这样说的,也是这样做的。武三林跟随游击队队长魏名扬先后参与了"长乐村大战""峪口窑洞保卫战""汕湾口伏击战""攻打沁县城""大有阻击战""榆辽战役",以及本村"古城垴突袭战"等。在榆辽战役中,武三林为抢救一名八路军战士越墙而过,一只脚后跟中了子弹。在大有阻击战中,

武三林画像

因抢救重伤的太行三分区政治部副主任彭光，他抬着担架到贾豁八路军卫生院，跑得又快又急累到吐血昏迷……魏名扬为他庆功，奖励他子弹20发、地雷5枚、军用刺刀一把。

1943年农历六月二十一，占据蟠龙的日军出发"扫荡"枣烟村，声称要活捉游击队队长魏名扬，并发出告示，谁能抓到魏名扬，奖赏金票5000元。武三林得到情报后，在八路军驻本村三八五旅七六九团十二连连长刘玉兴的指导下，迅速将全村百姓安全转移到逃难窑洞里。但在与刘玉兴及民兵武文彪、武东生、武金水、王金全、程小旦和羊工魏丑小等人返回途中被日军抓捕。连长刘玉兴和青年羊工魏丑小被当场杀害。武三林和其余5人被带至蟠龙镇大活庄村，集中在一个打麦场上。敌人让他们转圈子。刚转了三四圈，大汉奸向约奎突然指着武三林喊："武三林出来，现在有人告密，你是枣烟村武委会主任，又是一名共产党员。现在只要你能告诉我们：游击队队长魏名扬在哪里，你村住有多少八路军，有多少共产党员和游击队员，皇军会保全你全家性命，还会对你大大有赏。"

随之，武三林被单独带进附近一家东窑里，汉奸向约奎对他进行了残酷审讯。其间，武三林始终双眼紧闭，一声不吭。恼怒的敌人将他的双臂和双腿打断，昏死过去之后又被用冷水泼醒，用更加残忍的手段继续折磨。如果问一句他不回答，敌人就用刺刀在他身上捅一个窟窿。武三林尽管鲜血直冒，满头大汗，但始终咬紧牙关，坚如磐石，一直被捅了20多刀后依然不发一言，感到没有希望的敌人最后朝他心脏连捅两刀。

武三林死了，年仅27岁。

那一天，他的儿子武承周刚刚出生21天。

三天之后又传来噩耗，武三林的岳父郝怀珍在日军"扫荡"龙湍村时也被抓捕，同样是因为誓死不说出粮食在哪里、八路军在哪里，被恼羞成怒的敌人放出两条狼狗活活咬死。武三林的爱人无法承受丈夫与父亲的先后离世，最终积郁成疾，在儿子不满8岁时撒手人寰，年仅33岁。

从此，武承周成为孤儿，跟着年迈的爷爷奶奶度过艰难痛苦的童年。

1951年，武承周与母亲合影

穷苦孩子武承周,在政府的关怀下学到了文化知识。1961年初中毕业后参加了革命工作,1971年光荣加入中国共产党,成为一名国家干部。

他时刻记得,自己血液里流淌着革命烈士的红色血脉,骨子里遗存着父亲的红色基因。

1952年,大汉奸向约奎在审讯供词中这样写道:"枣烟村武委会主任武三林在严刑拷打面前,坚贞不屈,至死未透露一点东西,是我

2022年,武承周(左一)与武乡县关工委主任李效莲、副主任韩秀明采访太行奶娘王凤英的外孙女秦彩莲

一生中少见的钢铁硬汉。"

1979年8月13日,魏名扬亲口告诉武承周:"你父亲是一名坚强的共产党员,也是一名合格的村武委会主任。他的表现不仅为你们武氏家族争了光,也给咱们枣烟村长了气!"他还特别对武承周说:"你的父辈四人都了不起——一个八路军火头军,三个抗日村主任。你要继承他们的优良传统,传承他们的红色基因,写好咱枣烟村的抗战故事,写好咱武乡的抗战故事。"

1983年,民政部为武三林烈士补发的革命烈士证明书

2014年,民政部为武三林更换的烈士证明书

这些话、那些事,武承周深深铭刻在心里,但年轻时因为工作繁忙,没有时间整理父辈们的英雄事迹。直到2003年6月退休后,他才下决心拿起笔,把他所知道的、或访到的、或听到的有关父辈们的革命故事写出来。

从那时候开始,他就把全部精力都用在挖掘和整理武乡的红色资源上。

在2014—2015年间的累计4个月时间里,武承周在武乡县民政局,义务协助完成了47座烈士碑文的编纂及审编工作,还精准审查了1270名本县烈士的花名。在他70岁高龄时,又3次冒着酷暑,同民政

2018年，武承周采访太行奶娘杜雪棠的女儿赵兰英

2010年，武承周采访游击队队长魏名扬的警卫兼秘书张金鱼

局领导深入洪水镇左会村、韩北镇固村、丰州镇曹村，寻找挖掘了148具无名烈士的遗骨，为八路军无名烈士首批安置在武乡新建的八路军烈士陵园做出了应尽的义务。

2018—2023年10月底，武承周以武乡县关工委授予的"五老骨干"身份，多次参与了武乡县关心教育下一代工作，给多所中小学及幼儿园的孩子们宣讲抗日战争中涌现出的抗日小烈士及英雄故事，以及自己的家风传承，5年间共深入校园54次，听讲师生人数达12500余人。

他知道，自己的家乡枣烟村红色资源丰富，英雄人才辈出，这里铸就出的"共产党的阵地、游击队的故乡、合作化的先锋"三张名片已经唱响三晋大地。退休之后，他为村中武、王两大家族编写了家谱，花费5年时间编辑出版了《枣烟村志》，协助编辑出版了《游击队长魏名扬传奇》《游击队长魏名扬的故事》及《老支书魏名标》，花费近20年时间采访调查完成了《武三林烈士小传》，还为刘玉兴、王德盛、王存保、王国封、武晋才、王保同、武化南、王用源8名抗日烈士及武德柱、武天昌、武永昌、王金玉、安有堂、白贵锁6名在解放战争中牺牲的烈士编写了《英烈小谱》。

2022年，在武乡县关工委的大力支持下，武承周又将历经3年时间调查采访创作的《烽火武乡 太行奶娘》一书出版，该书全面梳理了武乡在全面抗战时期为八路军抚养孩子的28位奶娘的故事，为抗战圣地武乡填补了一项空白。

因为贡献突出，武承周陆续受到省、市、县各级领导的关怀与重视，相继获得武乡县"离退休干部发挥作用先进个人""先进党务工作者"，山西省"离退休干部先进个人""五老奉献奖"等荣誉。

随着年龄一天天增大，武承周又有了一份使命与责任，那就是把20多年收集整理的这份红色文化遗产传承给下一代。

他的大女儿武红梅，从参加工作以来一直在文化战线上，直接采访并编写了《游击队长魏名扬传奇》一书初稿，参与了《枣烟村志》一二版志书编纂全过程，编写了《烽火武乡 太行奶娘》一书中部分奶娘故事，校对审编了《武三林小传》一书，她写武乡红色故事的文章也陆续见诸报端，并荣获武乡县文化繁荣特殊贡献奖。武承周说，女儿的文化功底比自己强，文字表达能力也胜于自己，还是一名30多年党龄的共产党员，因此他觉得把手中的接力棒交给女儿很放心。

武乡县抗日英雄纪念碑　（李晓斌　摄）

武承周以身作则的事迹，感染了子孙后代，连他的外孙女也对她母亲武红梅说："我姥爷不仅是退休老干部的楷模，也是咱全家的榜样，更是我们这一代人崇拜的导师，您一定要接过姥爷手中这根接力棒，有什么困难，我也会帮助您。"

武红梅很是感慨："有老爸做后盾，有女儿做助手，我有信心把传承红色基因这个重担接过来、传下去……"

安乐庄,坚持守护"唯一"的荣耀

◎ 李 左

年前
NIANQIAN

终年处于大山深处的"窟窿郊"村,在1939年12月迎来一群特殊的客人。

七七事变后,全面抗战成为国内主要形势,由中国共产党领导的八路军东渡黄河,深入太行山腹地,在莽莽壮观的黄土高原建立起自己的根据地。武乡县砖壁村因其独特的地理位置成为八路军总部的首选驻地,与之配套的一系列党政机关、军政学校、军需供给、野战医院、新闻团体等组织机构也群星拱月般,以零散隐蔽的方式在太行山区逐步建立发展起来。

其中,以记录时事、报道战况而著称的新华社华北总分社和华北新华日报社,按照上级命令,秘密进驻砖壁村的近邻"窟窿郊"村。

北风凛冽,白雪飘零,一行人牵马负重,踽踽前行。何云等几位报社负责人不时朝前张望,却只见群山巍峨,看不到一个村庄。

"窟窿郊呢?"

大家满心疑惑之时,却见村里的向导走到一块巨石旁,大手朝东一指:"到了!"

窟窿郊,原来藏在巨石后面!

大家从巨石的石洞中鱼贯而入,四下张望一番,却不由纷纷赞叹起来:

"这哪是什么窟窿郊呀,这就是一个洞天福地的安乐之所!"

"真可谓山穷水尽,柳暗花明!"

安乐庄旧貌

"巨石之后,别有洞天,这简直就是陶渊明笔下的世外桃源。"

眼前近山绵延,脚下溪水明澈;村里炊烟袅袅,处处鸡犬相闻。

村里人热情地欢迎了他们。在联谊会上,八路军战士提议,村名"窟窿郊"不好听,不如更名为寓意幸福安康的"安乐庄"。

村里百姓非常高兴:"这文化人就是有水平!"

"这个安乐庄的名字真好听!"

从此,"安乐庄"就取代了"窟窿郊"。

这是抗日战争时期八路军给武乡县留下的唯一一个村庄名字。

新华社华北总分社和华北新华日报社驻扎安乐庄后,对外番号为十八集团军教导队,一百四五十号新华社的战士们在村里安顿下来,刻版、排字、印刷、发行……耕种、战斗。

安乐庄夹在两山之间,尽享天然屏障的保护,拥有桃花源一般的静谧安详。村子不大,可家家户户都曾住有八路军;人口不多,但男女老少都自觉为八路军服务。

抗日战争时期,在偏僻的山区办报纸,困难可想而知,但军民团结、同心同德,总是能找到克服困难的办法。

缺少油墨,村里民兵就协助工作人员上山寻找野山桃树,一点一滴收集桃油,又到松树林中采集松香,最后从山上拔回醋柳根,按照烧制木炭的土方法进行加工,埋进土底,沤出黑灰……再把它们充分融合,调成黏稠适宜乌黑油香的"安乐庄特制油墨",解决了难题。

全面抗战时期驻扎在安乐庄的《新华日报》(华北版)发行科办公室　　(王照骞　供图)

刻版、纸张供应也都是难题。村里人不断陪着工作人员到附近寻找资源,通过对苏峪村、张庄村、西营镇等地原有纸厂进行收购合并,彻底解决了纸张供应问题。字模不全,报社便联络前方鲁艺木刻工作团进行援助,著名的木刻家彦涵、华山、罗工柳等曾先后来到安乐庄,参与字模与图案刻制。

村里人还主动把自己家的梨木、苹果木送给搞木刻的同志。每当此时,八路军就要付给老百姓冀南票,可百姓坚决不收。有时村民还专门上山砍檀木送给他们用,檀木是细木头,刻版的同志非常高兴。为了报答老百姓的支持,八路军战士就做些小本本送给村里的孩子们学习用,还办起识字班,有空就组织村里人读夜校识字,还把多色套印的年画赠送给村民。

新华社华北总分社和华北新华日报社的同志们经常给村民挑水扫院,帮助老百姓干活。对村民送到食堂的南瓜、豆角、土豆、白菜等,他们婉转拒绝。安乐庄的百姓与战士们朝夕相伴,生死与共,凝结出了血肉相连、密不可分的鱼水深情。

1940年1月1日,安乐庄召开庆祝《新华日报》(华北版)创刊一周年大会,大会场面盛大,气氛热烈,朱德总司令、北方局书记杨尚昆、副参谋长左权和野战政治部副主任陆定一均亲临大会并讲话,他们充分肯定了报社的突出贡献,"一个铅字就等于一颗子弹,在敌后办报就是无形的战斗"。

同时,又赞扬安乐庄是调动思想、统一认识的一处文化哨所。全

《新华日报》（华北版）安乐庄旧址　（王照骞　摄）

体军民听后大受鼓舞，村中白冲云、牛玉虎、籍余吉、李承富等热血青年纷纷报名加入八路军队伍，积极参与报社的相关工作。

76岁的白金祥，是村里年龄最大的红色历史宣讲员与红色图文收藏家。

提起安乐庄的红色历史，他能从新华社华北总分社和华北新华日报社在安乐庄工作生活的情景，到后来搬离的经过，事无巨细地讲解透彻。

"共有30名警卫战士""当时是手摇驱动印刷机""有敌情时大家到野外排版印刷"……

他为什么知道这么多？

原来，他的姐姐白菊花1944年8月参加了八路军，是太行三分区独立营的一名卫生员，于1946年秋嫁给太行三分区独立营政委李托夫。

李托夫，河南省西峡县西峡村人，1937年11月参加了八路军，随八路军总部开赴晋东南开辟太行抗日根据地，时任一二九师三八五旅十四团六连指导员。"百团大战"后，李托夫任太行三分区武东独立营政委。

1939年至1946年，李托夫陆续在武乡县八路军总司令部砖壁村战斗、生活。新中国成立之后的1958年，夫妻二人被安排去了浙江大学，虽与安乐庄村遥隔千里，但他们一直关注着村里的发展情况。

白金祥把姐姐与姐夫的口头讲述整理成文字，把他们的旧照片保存起来。同时，他认真读书看报，只要是与安乐庄相关的信息，他都进行抄写或复印，有时裁切下来，有时翻拍保存。他不断向武乡相关专家虚心请教，掌握了新华社华北总分社和华北新华日报社的相关史实。

随着对历史的了解越来越深，白金祥于2011年写出关于旧址维修的申请书，上交给时任县委宣传部部长魏书文等领导，同时上交到县文明办、县文物局等相关单位；2018年又向人民日报社递送了《关于筹建华北新华日报社旧址纪念馆的请示》，不断进行呼吁。

白金祥有一个毫不起眼的帆布袋子，里面是几个破旧的小塑料袋，再里面又是几个牛皮纸信封，分别装着不同时期不同类别的图片

今日安乐庄

资料。这对于外人来说一文不值的破纸烂片,他却是睡觉也要抱在怀里的宝贝。

村里刚去世不久的白孟祥老人同样是一位让人敬重的义务宣讲员。他在世时,到处收集资料,并写文章进行宣传,还多次出资购买了图书资料。家人偶有怨言时,他就憨憨一笑:"不懂就别瞎说。"

1942年报社陆续搬离的时候,负责为报社喂马的白冲云为"掩护有文化的人",把手榴弹牵引线缠绕在道路旁的树枝上,成功消灭了十几个敌人,后被日军残忍杀害。

当时白冲云已经育有一子,名叫白金印,后由奶奶一手抚养成人。白金印成家生子后,让大儿子白占鳌继承革命遗志,参了军,退伍后到了晋西机器厂。

传承先烈们的接力棒,是安乐庄人民的自觉行为。

七间正房,东西各三间厢房,整整居住了小半辈子的一院好房子,2023年却为新修的道路腾地方而忍痛拆除!这是安乐庄现任党支部书记牛素鹏的无悔选择。

同样做出表率的还有安乐庄会计牛效忠。他的五间正房住进去还不到十年,就被推土机夷为平地了。他暂且将家搬到村委会院子中的两间平房里,房子低矮潮湿,关键是院子里连个厕所也没有,生活极不方便。

村干部的牺牲带动了群众,其他拆迁户也没有任何纠缠,爽爽快快搬离旧居。尤其在面对国家给定的拆迁赔偿款时,他们一句争辩的

修缮一新的新华社华北总分社旧址

话也没有，利利索索签了字。

近年来，太行一号旅游公路修到村子附近，可从砖壁村来安乐庄的两公里道路，还只是曲折歪斜的一条乡间小道。若遇雨雪天气，道路便泥泞不堪，无法通行。

2021年10月，新华社组织80余名"两优两先"党员干部代表来到山西太行干部学院培训学习，其间他们进入安乐庄，追寻新华社华北总分社和华北新华日报社旧址的红色印记。没想到突然连降几天大

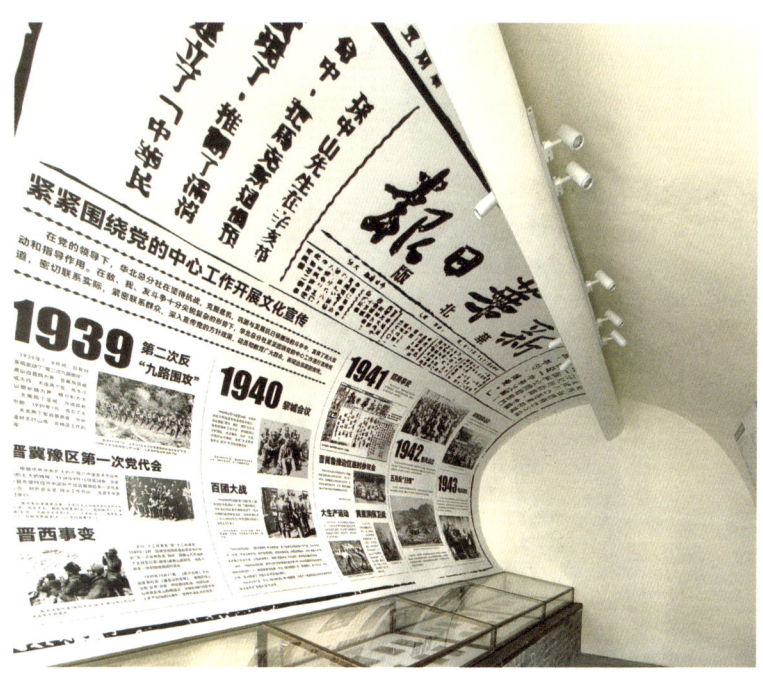

《新华日报》（华北版）展览馆内景

雨,让拟定的出发时间一拖再拖。

不能再等了。于是在村委会的带领下,安乐庄男女老少一齐出动,扛上铁锹、钉耙,推着平车,担上箩筐,以"人心齐、泰山移"的干劲,硬是用几天时间将冲毁的道路进行了修缮,用当年迎接亲人八路军一样的热情,迎接了来访的新华社后人!

安乐庄,这个八路军留给武乡唯一的村庄名,已经成为村民的荣耀,也必将在村民的永恒守护下持续腾飞。

《新华日报》作证

◎ 史纪言　张红伟

年前
NIANQIAN

　　1937年抗日战争全面爆发后，中国共产党在武汉创办了《新华日报》。"新华"两个字，蕴含着深刻的政治意义。新中华是相对旧中华而言的，它寓意着"反对压迫，建设新中华"的意思。

　　为了传播党的政策，动员广大军民抗击日本帝国主义，中共中央北方局决定创办机关报——《新华日报》（华北版）。

　　《新华日报》（华北版）筹办和创刊是在山西沁县南部后沟村进行的。1939年1月1日，《新华日报》（华北版）正式创刊。半年后，由于沁县被日军占领，报社便迁移到武乡县东部的大坪村和安乐庄，在这里住了约一年时间。由于日军侵占到武乡县腹心地区，报社又迁移到辽县东南部的山庄村。

　　《新华日报》（华北版）为四开四版，间日刊。一版为社论、评论、文章、要闻，二版为国内版，三版为国际版，四版为根据地版。每期发行3万份。《新华日报》（华北版）的编辑方针是：宣传马列主义和国际共产主义运动，宣传苏联；宣传党的路线、方针、政策、任务；宣传广大军民的抗日斗争；宣传抗日民主根据地建党、建军、建政的成就；宣传减租减息和大生产运动；揭发日伪的暴行；报道国内外大事。

《新华日报》（华北版）设有编委会（党委）。报社各部门都设有党支部，归编委会领导。在整个抗日战争时期，根据地处于被日伪分割封锁状态。以太行根据地为例，全区八个地委，几十个县，日军没有长期占领的完整县只有黎城、平顺、涉县，都是交通十分不便之地。当时，传达中共中央指示一般用两种办法，一是开会，二是发文件。在这种情况下，广大地、县、区级干部和群众，每两天能看到一份北方局的机关报，非常重要。可以说，《新华日报》（华北版）在坚持战胜日本帝国主义这个中心工作中起到重要的宣传和组织作用。

当时的物质条件很困难。印刷的纸是麻纸，一面光，一面不光。印报的油墨和打版用的蒲纸是通过商人从沦陷区购买的。印刷厂分排字、机器、打版、铸造版、刻字几个区域。机器仅有四开机两架，没有电，只能用手摇。每架机器每小时印报纸800份。打版铸版全是手工操作。铸字炉只有一个，铜模很少，缺了字，由刻字工人刻，刻好后用翻字盒翻字。标题字很少，刻字较多。报纸发行，全靠报社自己的交通,一根扁担两个口袋。

《新华日报》(华北版)在出版的4年零9个月中,驻过4个县——沁县、武乡、辽县、涉县共8个地方。1942年5月下旬,日伪调集大批人马"扫荡"太行根据地,住在辽县武军寺的总部转移至辽县麻田镇上麻田村,又遭到日伪袭击,左权将军壮烈牺牲。《新华日报》(华北版)的工作人员在此次反"扫荡"中伤亡较大,约50人遇难。

拍摄于1976年的安乐庄《新华日报》(华北版)发行科　(王照骞　摄)

拍摄于1976年的安乐庄《新华日报》(华北版)旧址 (王照骞 摄)

年后 NIANHOU

姜向东,武乡县大有乡李峪垴人,2016年山西太行干部学院筹备之初他便参与筹建。2017年11月正式调入学院,担任副院长,分管后勤等工作。

主管后勤的姜向东,很关注教学基地建设。学院成立之初,武乡除了八路军太行纪念馆、八路军王家峪总部旧址、砖壁百团大战总指挥部旧址外,几乎没有其他现场教学点。对武乡抗战历史非常了

八路军野战政治部埋里村旧址　(王照骞　摄)

解的他开始走访并出谋划策，开启了一处又一处遗址的走访、论证，更重要的是要查寻到当年的战斗史实。一次在八路军太行纪念馆查阅资料，当他看到馆内保存的几份《新华日报》（华北版）时，眼前一亮，一下有了灵感。他想，如果能找到更多当时的《新华日报》，看到当年权威的报道就好了！

经过多方打听，他终于发现有《新华日报》（华北版）影印版，于是一狠心，花费7000多元将1938—1949年的报纸全部买了回来。为了更全面地了解那段历史，他甚至连日本士兵的日记、照片等都买了回来。一个柜子满了，又增加一个柜子；柜子放满了，便放窗台上；窗台上也满了，就堆地上……一本一本找，一页一页看，查找与干部学院现场教学点有关的史料。通过一点点积累，终于在浩如烟海的史料中，找到大量资料。

2019年5月，他将《关家垴战斗、长乐急袭战资料汇编》完成；6月，将《抗日军政大学在太行资料汇编》完成。关家垴战斗教学展览室、关家垴战斗阵地环形工事、长乐战斗纪念馆等一个个现场教学点也在他的助力下相继完成，他收集整理的资料极大地丰富了山西太行干部学院的现场教学内容，为大批学员能深入了解那段抗战岁月提供了宝贵的史料。

在查阅这些抗战史料时，姜向东发现《新华日报》（华北版）刊登有大量武乡的史料，这些史料不仅对山西太行干部学院非常重要，而且对全面反映武乡抗战历史也极有价值。于是从2019年下半年开始,他便从《新华日报》(华北版)上查找有关武乡的史料。11年的报纸,3000多份,保守估计有4000多万字,每天看5份的话,得整整两年。比起工作量来说,更难的是识别,以前的报纸纸张质量不好,全部是油墨手工推印,有的地方墨多糊成一片,有的地方墨少淡到看不清,又都是繁体字。姜向东便买回繁体字典一个字一个字地查,一句话一句话地识别,实在看不清的,便找相关资料佐证。遇到重要的信息,就邀请专家一起论证。就这样,每天三五千字,慢慢地就将这些报纸内容全部消化了。

经过一年半时间,姜向东整理出《新华日报》(华北版)中关于武乡的报道30万字,并且由新华出版社结集出版。

后来,他又进行了补充,由县政协印刷而成《战火中的武乡》(上、下册)。这些资料汇编成册后,引起长治市政协领导的高度关注,委托他把抗战时期关于长治的报道也找出来汇编成册。

长治有13个县区,虽然每个县区的史料不一定有武乡多,但整体工作量还是难以想象的大。又经过两年多时间,姜向东硬是又整理出250万字史料,在办公桌上堆起一尺多厚的两大摞文稿。

查阅资料的同时,他还整理出《魂铸太行——左权将军抗战新闻史料汇集》。

从有意思到有意义,姜向东会坚定不移地走下去。

关家垴，高地精神永延续

◎ 梁红玉　蒋　殊

年前
NIANQIAN

1940年，那个秋风渐深的10月29日，日军三十六师团冈崎大队500余人在"扫荡"途中，误闯黄崖洞兵工厂。尽管日军不知道他们进去的是八路军重要的兵工厂，但我军得知情况后惊诧万分，迅速调集大部队前往堵截。

双方谁都没想到，接下来将拉开一场既惊心动魄又惨烈无比的战斗。

并未有所发现的日军从黄崖洞出来，准备取道武乡回沁县时，发现被团团包围了。仓促之下，选择拐弯上了山脊上的关家垴，并迅速占领了山顶高地。

抗日战争历史上这个重大的事件，因了这个拐弯，拉开了帷幕。

这平凡的一个拐弯，拐得山摇地动、山崩地裂。

关家垴战斗中的八路军机枪阵地

关家垴村处在半山腰，村中散落着50来户人家，180多口人。800多名日军的闯入，迫使他们离开家园，逃进更深的山中。日军像主人一般，占领了他们选中的院落，并迅速构筑起工事。他们挖下一条又一条土沟，拆下老乡的门窗架在上面做掩护，还利用山顶上的坟包筑了机枪阵地。同时又派出一百多人夺占了西南方向距关家垴约一里多地的柳树垴（顶部称凤垴顶），使得两处高地互为依托呼应，一开始就给八路军埋下难题。

最先，是八路军七六九团1500多人集结在关家垴西北的洪水镇中村一带备战。形势危急，彭德怀副总司令也从13里地之外的八路军总部砖壁村赶来亲自指挥，就此拉开关家垴之战。

指挥所是一处坟地，周围耸立着几棵大树，树叶被惊得哗哗作响，连尘埃都沉浸在肃穆里。

电视剧《亮剑》中，李云龙独立团围歼日军冈崎大队的李家坡之战，历史原型就是百团大战中的关家垴血战。

日军将关家垴称为文德高地。29日晚，彭德怀指挥一二九师主力10个团将冈崎大队包围，三八五旅、三八六旅主力，新十旅及决死一纵队各一部，总部特务团，总部炮兵团山炮连齐聚关家垴周围，拟于30日凌晨4时发起总攻。

然而，总攻前，冈崎大队突然抢占了柳树垴，致使我军一个阵地失守，我军随后4次冲锋均被击退。日军占领两处制高点形成掎角之势，固守待援。30日凌晨4时，我军按原计划向敌发起进攻，然而战斗一开始就不顺利。因为日军用机枪和掷弹筒封锁了仅有的一条通往高地不足一米宽的路，我军担任主攻的一个营仅剩80多人，且装备简陋，缺乏重型武器。此时敌机又来猛烈轰炸严重缺乏对空作战准备的我军阵地，一颗颗炸弹在密集的人群中爆炸，一批又一批战士倒在血泊里。陈赓预料到情况不妙，请求彭德怀副总司令停止围攻、撤出战斗。然而彭副总决心不改，誓要拿下关家垴。

关家垴高地愤怒地呐喊着、嘶吼着、呜咽着……

下午4时，第二次总攻开始。在连续18次冲锋后攻占了日军第一道防线。然而，代价惊人，有一个连仅存18人，三八六旅十六团团长谢家庆牺牲；特务团第十一连124人仅剩15人；新十旅旅长范子侠负伤。

10月31日拂晓，我军第三次总攻开始。这一次终于利用挖掘的暗道冲上山顶，把日军挤压到一个狭小地段。然而，关键时刻却遭到凤垴顶日军猛烈的侧射火力。

直到下午4时，战斗还在僵持中。

裹在尸体中无法得到救治的伤员，左转是血，右转还是血，只能看着被硝烟笼罩的天空，眼睁睁等待热血流尽。这些翻山越岭扛着枪一路战斗到此的年轻战士的心脏在太行山深秋的冷风里一点点停止跳动。

此时，有消息传来，武乡、辽县2500余名日军已经出动，他们的目的就是围歼一二九师主力。彭德怀副总司令长叹一声，下达了命令：撤离。

先后参加过土地革命战争、抗日战争、解放战争和抗美援朝战争的身经百战、战功卓著的李德生将军，当时是一二九师三八五旅七六九团副团长。10月30日凌晨4时，他带领一个营的战士在陡峭的土坎上凿出一条小路，爬上高地，消灭了20多个敌人。然而也遭到日军来自天上地下的猛烈攻击。他们当时处在光秃秃的土坡上无处藏身，伤亡极其惨重。60多年之后的2005年，90岁高龄的他提起当初的那场战斗，依旧泪流满面，恸哭不止，长久无法平复那激动的心情，只能用"太悲壮"几个字沉痛讲述那个场景。

硝烟，慢慢散尽，向着死寂的四野。三天的电闪雷鸣，顷刻归于平静。然而关家垴不再是三天前的关家垴。关家垴这片高地，成了烈士的墓场、英雄的高地。

8年后 NIANHOU

关家垴村的关卫平在窑洞里坐着，身旁是一张书桌，书桌上放着的是他的一摞摞手稿。退休前，他曾经是一名光荣的人民教师。很早的时候，他就开始搜集关家垴战斗的相关史料。看到报纸刊物上有关于这场战斗的文章，他就小心翼翼剪下保存，把一幕幕悲壮的故事、一个个英雄的人物变成文字。30年来，他整理的关于关家垴战斗的文字，以及抗战英雄事迹已累计超过20万字。但他说，这些还远远不够，只要他活着一天，就要不断搜集整理关家垴抗战资料。他说，历史是靠文字传承的，他希望用自己的力量给孩子们留下些珍贵的文字，让后人永远不忘这片红色热土上发生的英勇壮烈的故事。

关肖卫，是关家垴村现任村党支部书记，个头不高的他身上总有一种风尘仆仆而又朝气蓬勃的感觉。他欣慰地说，这些年党的政策非常好，村里也发展得越来越好，老百姓都整体搬迁到了新村，还建成艾草生产加工厂、养猪场，几家企业开始带动老百姓增收致富。

村里依托关家垴战斗旧址，一直在积极发展红色旅游。加上近几年来山西太行干部学院一直在这里帮扶，帮助村里先后加固修缮了烈士墓、关二如旧居，还建设停车场、旅游生态公厕等基础设施，将这

今天的关家垴村　（李晓斌　摄）

里作为学院的教学点之一，配套了最先进的污水处理设备，改扩建了村级公路。2023年，又筹建了红色多功能演播厅、抗战体验园、综合陈列厅等项目。

"关家垴要做的事情，就是把村里的红色革命故事像蒲公英的种子一样，播撒到全国各地。"关肖卫说这些话的时候，眼睛亮晶晶的。

关家垴战役到现在已经过去80多个年头，关家垴村民已经在这片红色沃土上繁衍了四代人。有的人还在这片土地上生活着，有的人因为学习和工作去了远方，但每年的清明节与9月30日烈士纪念日，村民们都要给埋骨在村里的八路军英烈扫扫墓。关家垴村的每一个人，都已经把长眠于这片土地上的忠魂当作自己的先人。每代人都用他们自己的方式默默地祭奠着前辈英烈，传承着英烈精神。

今天走进关家垴战斗遗址看到的一座高高的纪念碑，是进入21世

关家垴歼灭战纪念碑

纪之后再次新建的。

  今天的关家垴战斗遗址，已经成为山西太行干部学院重要的教学基地。关家垴战斗遗址陈列馆，也于抗战胜利80周年的2025年全新亮相。

  英雄被一代代铭记。

  关家垴纪念碑周围松柏常青。

传播不息只为红

◎ 蒋 平

1937年秋,抗日的烽火燃遍太行。饱经忧患的武乡人民,拿起武器,走上前线,与入侵之敌展开艰苦卓绝的斗争。

从1937年11月起,在抵御外侮的岁月里,八路军总部先后5次进驻武乡,驻扎时间长达536天。在太行山这片英雄的土地上,留下了八路军将领们的光辉足迹,写下了许多英勇悲壮的展现民族精神的华章。

1939年至1940年,八路军总数迅猛发展到40万人,成为八路军抗战中的鼎盛时期。朱德、彭德怀、左权等战功显赫的领导人伫马太行,运筹帷幄,领导指挥华北抗战,许许多多重要指示、重大决策通过电波、信函发往各地,使八路军各部队在华北的抗战风生水起。其间,建立的较为稳固的晋察冀、晋绥、晋冀鲁豫、山东四大根据地，成为中国共产党在敌后开辟的主要战场，牵制和消耗了大量日军。整个华北地区数千万军民参与抗日，为最终的胜利奠定了坚实基础。

中共中央北方局、八路军一二九师师部、抗日军政大学、兵工学校等重要党政军机关在武乡长期驻扎，使这里成为华北抗战的司令部和指挥中枢，震惊中外的百团大战就在这里部署指挥。

武乡，既是华北抗战的指挥中枢，更是抗日杀敌的主要战场。抗战期间先后进行了大小战斗6368次，歼灭日伪28830人。

当年日军炸毁的马垴村窑洞

武乡人民慷慨大方、无私奉献，仅有40万亩土地的武乡，14年共捐粮3000万石；仅有14万人口的武乡县，就有9万多人参加了各种抗日救亡组织，14600多名青年参加八路军，从武乡调出的区级以上干部就达5400余名，留下了"出兵出粮出干部，五千干部一万兵"的佳话。20000余人为国家民族捐躯牺牲，仅正式载入英名录的烈士就达3200多名，在随后的解放战争中，有15000多名武乡籍儿女告别太行，随军北上南下。

抗日战争时期，武乡的一山一水都留下了革命前辈的足迹，武乡的一草一木都洒有抗日军民的鲜血，英勇的八路军将士和勤劳的武乡人民一道，用鲜血与生命铸就了伟大的太行精神，用真情和大义孕育了底蕴深厚的八路军文化。

蟠龙镇马垴村，在抗日战争时期与关家垴属于一个编村。编村制，是民国初期阎锡山仿照日本"町村之制"设立的，是独特的一个基层管理形式，相当于现在的行政村。马垴村就是郝雪廷的故乡。

郝雪廷的父亲郝炳宏，曾经是一位浴血抗战的老民兵，在村中担任过青救会秘书，多次组织掩护老百姓、送军粮、抬担架等活动。

在关家垴战斗之前，武乡县抗日政府组织关家垴附近民兵和群众3000多人，前去进行战勤服务，郝炳宏与年轻的民兵们抬担架、送弹药箱；年纪大的男人与妇女们一道帮助照顾伤员、做饭。关家垴战斗打了两天两夜，战斗结束后无数八路军战士牺牲在阵地上，附近的村庄都组织民兵帮助掩埋烈士遗体，郝炳宏便是众多民兵中的一员，当时惨烈的场面、烈士痛苦的姿势一直印在郝炳宏心里。

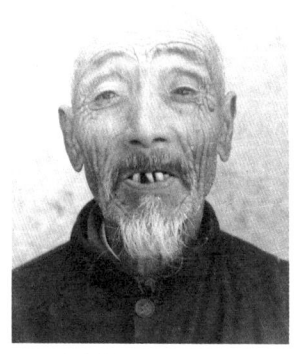

当年被日军重伤后的郝长富在八路军救治下侥幸活了下来

战争锤炼了马垴村人坚贞不屈的风骨。村民郝长富，1938年入党，是民兵中的骨干。一次在掩护老百姓转移的过程中不幸被日军抓住，日军一边绑着郝长富走一边踢打，问他粮食在哪里、八路军在哪里。郝长富什么也不说。日军在郝长富身上捅一刀，问一句；问一句，捅一刀，郝长富依然一声不吭，坚定地保守着秘密。在持续捅了13刀后，郝长富觉得这样下去必死无疑，便闭目屏气装死。日军不死心，对郝长富又踢又打，并继续用刀捅，郝长富咬紧牙关不哼一声。

日本人悻悻离去后，因失血过多躺在地上无法动弹的郝长富，被随后赶到的八路军主力部队救起送往军分区医院，侥幸活了下来。

在马垴村，这样的故事层出不穷，几乎家家都有被敌人蹂躏的痛苦，户户都有奋起反抗的英勇。

往事一件件，刻在老百姓的心上，留在当地人的记忆中。

8年后 NIANHOU

这些荡气回肠的故事,滋养着村中一个个懵懂少年,郝雪廷就是其中一个。许许多多抗战故事的熏陶,让他渐渐对地域文化、抗战文化产生了浓厚的兴趣。

武乡抗战历史光辉灿烂,有许多细节都隐匿于民间。比如某位英雄的结局如何、可有后代?比如日本人到底进行了哪些丧尽天良的暴

郝雪廷在关家垴现场教学

行，当时老百姓们有什么具体的反抗举动？问题太多，又太过零碎，必须亲自走访才能获得真正的第一手信息。工作之余，郝雪廷就一次次奔波在山野乡间小路上，调查、走访，积累了越来越多的红色素材，撰写了大量的研究文章。

1995年4月，郝雪廷被调入八路军太行纪念馆工作，为他摸索研究八路军文化创造了良好的机遇。自此，他开始了抗战史、八路军史的专门研究。

为了解历史的真实情况，郝雪廷十几年里购买了与八路军抗战史相关的书籍近4000册，对太行山抗战、八路军抗战、八路军总部等都有了较为深刻的了解。

他把学习、研究、探索、传承作为一种责任，在八路军史、八路军抗战史、太行精神研究中倾注了大量心血，先后考察了大量抗战历史旧址、遗址，走遍了晋冀鲁豫，并到北京、广州、成都、南京等地采访了200多位老首长、老将军及其家属子女；查阅研究了无数的历史资料，撰写并发表了专业论文近百篇。2005年，浙江人民出版社出版了他的《八路军改编纪实》，该书的出版使整个抗战史研究有了突破，也填补了八路军研究领域的空白。

迄今为止，郝雪廷先后编撰出版了30多部著作，其中独著19部，与人合著8部，担任副主编、编委的8部10册，总文字量超过千万字。特别是《八路军的故乡》《八路将星》《武乡的红色驻地》《武乡，抗战文化中心》《革命熔炉武乡》《抗战精华遍武乡》《武乡抗战纪

郝雪廷早年在壶关县常行村采访太行杀敌英雄张小保

事》《八路军野战政治部在下合村》《游击队长魏名扬传奇》等，为武乡八路军文化研究提供了丰富的理论和史实基础。

2013年出版的《八路军序列沿革研究》，是一部更加完整的大型八路军史工具书，获得"山西省第九次社会科学研究优秀成果奖"。

2010年，武乡成立了三晋文化研究会。郝雪廷与李绍君分门别类，按照文化、教育、战役战斗、人物等系列对已有的抗战时期资料进行整理，将其编辑成为12本书。

同时，他还编写了《追寻八路军总部》。这本书完整反映了八路军总部从1937年8月25日成立到1945年8月20日前方总部撤销的全过程，对八路军总部的形成、在每一个时段取得的重大战果及成绩做了完整研究，同样在军史研究中填补了空白。

郝雪廷早年在北京采访罗荣桓元帅夫人林月琴

此外,他还担任了央视20集电视专题片《抗日中坚八路军》的策划人,山西电视台8集专题片《在太行山上》、八一厂6集专题片《八路军总部在武乡》的总撰稿人。

郝雪廷研究抗战史、八路军历史,同时不忘时时宣传红色文化。多年来,他到乡村、到中小学宣讲从来不收报酬,只讲奉献。退休后,他又到山西太行干部学院兼职授课,还先后到太原、长治、大同、晋中、石家庄等地,深入机关、部队、大专院校、厂矿企业、农村等进行宣讲500多场,还在中央电视台、山西电视台等进行专题讲座,被山西大学马克思主义学院、山西财经大学马克思主义学院、长治医学院等院校聘为特聘教授、客座教授。郝雪廷用一己之力把八路军文化、太行精神传播到各地,不知不觉间他已经成为武乡红色文化的代言人!

郝雪廷不仅自己钻研,同时还带动新人。在武乡文化领域有两个比较活跃的团体——县作家协会和三晋文化研究会。这两个团体中,他不仅自己埋头钻研历史,也积极组织党员和广大会员深入全县各乡镇村,进行采风活动和社会调查,积极撰写各种题材的文章,为老区脱贫攻坚和乡村振兴服务。

太行精神被列为第一批中国共产党人精神谱系时,他将大家组织起来说:"今天我们肩上所承担的是这样一个伟大的责任,我们要去传承它、去发扬它,这是一个非常神圣的事业,我们都应该感到自豪。"

对于郝雪廷而言,红色文化研究已经成为他生命中的一部分。他不止一次表示:"传承党的红色基因,传承太行精神,把八路军抗战辉煌的历史告诉当代、告诉未来,我一定会坚持到最后!"

下北漳，文化之火生生不息

◎ 采 禾

从武乡县城出发，沿着红色旅游公路一路向东，车行20多分钟，就到了坐落在浊漳河和蟠洪河交汇处的一个宁静的小山村——下北漳村。

"春回大地、万物苏醒，一间间黄土窑洞、一座座农家房舍，坐落在向阳的坡坎上，村前浊漳河湍湍流过，河岸上是一片高高的白杨树和翠绿的田畦和果园。田畦里萌发出绿油油的嫩叶，果园里盛开着桃花、梨花，焕发出新的生机，给人间带来了喜悦。"这是著名版画家彦涵的妻子白炎1940年初到下北漳时的所见所感。

1937年11月起，八路军总部机关、党政机关、作战部队、军工企业等陆续进驻武乡。

当时，太行山区闭塞落后，阎锡山政权管治严密，虽然共产党

1941年1月,前方鲁艺领导与木刻工厂成员在下北漳合影

的地下组织在各地已经建立,但是太行山一带地方政权和士绅阶层对新的文化多有抵触,普通民众对新的思想文化几乎没有接触,当地对于八路军这支来自南方的队伍不甚了解,而日军大敌当前,除疯狂的"扫荡"之外,又用各种文化渗透欺骗群众,掩盖其侵略的丑恶面目。在这种形势下,八路军要在陌生的太行山区立足与生存,开展独立自主的敌后游击战,建立自己的抗日根据地,面临着极大的困难与考验。文化武装亟待推进,敌后宣传工作迫在眉睫。1938年底,中共中央为加强华北敌后抗日文化宣传思想工作及文艺干部的培养,从

延安鲁迅艺术学院选派出一大批文艺干部东渡黄河，奔赴太行山抗日根据地。

于是，与八路军总部及中共中央北方局所在地的武乡县王家峪、上北漳村相隔不远的下北漳村便成为各种抗战文化团体的聚集地。

此后，下北漳这个普普通通的小村庄，迎来多支文化艺术队伍，一帮文化战士从延河之滨汇聚到浊漳河之畔。这个小小村庄，风云际会，成为抗日文化战线的大本营，鲁迅艺术学校、晋东南鲁迅艺术学校（简称"前方鲁艺"）、晋东南文化教育界抗日救国总会、中华全国文艺界抗敌协会晋东南分会、鲁艺文艺工作团、鲁艺实验剧团、鲁艺木刻工作团、前方鲁艺实验剧团等重要文化团体都驻扎在这里；朱德、彭德怀、杨尚昆、陆定一、罗瑞卿等革命家叱咤太行期间经常到

前方鲁艺实验剧团在下北漳村合影

下北漳村讲课；李伯钊、陈铁耕、牛犇、高沐鸿、冈夫、胡一川、罗工柳、王震之、安波、彦涵、白炎、陈荒煤、华山、伊琳、杨角、常苏民等一批文艺战士在此以笔当枪，唤起民众，痛击敌人。

著名诗人冈夫在第一本诗集《战斗与歌唱》中自题："笔在我胸际，剑在我腰间，我战我唱，到我最后一天！"当时的下北漳村离敌占区只有几里地，敌人随时会"扫荡"，驻扎在这里的文化团体常常处于流动状态，敌人来袭即背起背包行军转移，敌人走后就停下来上课、创作。在村里的打麦场上、大树荫下、农舍炕头，暗淡的油灯下，教学、创作紧张地开展。就是在这种简陋艰苦的条件下，甚至面临生命危险的环境中，文化工作者们克服一切困难，以笔当枪，在炮火硝烟中，坚持为人民发声，坚持为抗战宣传，短短几年时间创作出一大批广为流传的具有浓郁民族特色、时代精神和泥土气息的经典艺术作品。戏剧、音乐、曲艺，剧本、诗歌、散文，油画、版画、壁画，一场一幕，一首一篇，一页一幅，都是见证血与火的作品，这些作品如花如火，绽放在敌后，燃烧在根据地人民群众的心里，激起他们抗战参军杀敌立功的热潮，如利剑如刀枪，刺向侵略者的心脏，撕破日本侵略者的军国主义伪装。

也是在这一时期，一些文化战士将青春之生命留在太行山区，长眠在这片黄土地上，他们用生命谱写出血色浪漫，使抗战文化之火熊熊燃起，谱写出中华文化历史上最为血性的篇章。

8年后 NIANHOU

下北漳村有一位"名人"李东兴,他是"鲁艺迷",是下北漳前方鲁艺等旧址挖掘保护的最初发起人,是引燃下北漳这把文旅之火的小小火种;下北漳有个团队,名为"红色文村",是由这个村的村民自发组成的,这个团队没有准确的人数,核心人物有李东兴、暴书宏、李志亮等人,这个团队则是这个小村庄火起来的助燃剂。

1968年出生的李东兴,在很小的时候,从下北漳老人们的口中,无数次听到过关于八路军在村里驻扎时的故事,这些模模糊糊留在心里的记忆,在他长大参军之后接触的资料中,零零星星地得到印证,每当在一些资料里看到"下北漳"三个字时,便会牵动他朴素简单的乡情。

1986年,李东兴参军离家,先后在京、琼、川、闽工作生活,回老家下北漳反而像"走亲戚",而根植在血脉里的乡情让这位离家的孩子更爱家了。

2016年,武乡县红色旅游公路一期工程实现通车,这条公路像一条金色的飘带,把武乡的红色旧址串了起来,下北漳村也位列其中,一个全新的发展契机摆在每一位下北漳人面前。

前方鲁艺下北漳旧址　（李晓斌　摄）

这年腊月,李东兴带着一份"大礼"回到家乡,这份大礼便是"以挖掘文化旧址为振兴家乡助力"的一整套思路。他要在下北漳燃起一把文旅之火。整个春节假期,他的走亲访友便围绕着这一件事,他与村党支部书记李志亮、在外工作的暴书宏等围炉夜话,达成共识,搭起"红色文村"团队,逐个征求村中长者的意见,他们与老八路、老党员、老支书、模范后人、新兴乡贤共同发起"传承太行精神、叫响文村品牌、找回故乡尊荣"的倡议,下北漳这团文旅之火不动声色地燃起来了。

而下北漳的状况实在不容乐观,资源匮乏,村中许多院落人去院空、房倒屋塌,失管失修状况严重,依靠乡村自身力量很难解决问题。

2018年6月25日,李东兴牵头就下北漳村前方鲁艺文化抗战旧址坍塌严重亟待保护的问题致信中共武乡县委书记,又趁中秋节放假时间咨询红色文化专家与县文保人员。9月29日,"红色文化村"鲁艺文化抗战旧址挂牌活动顺利举办,远在北京、天津、太原等地的鲁艺二代应邀而来,被淡忘几十年的前方鲁艺及各种文化团体高调进入人们视野。

之后,本村在外工作的暴玉怀、暴忠秀、暴江萍等人纷纷加入为故乡助力加油、添砖加瓦的行列,越来越多的下北漳人加入了这个团队,各尽所能。其中难度最大的便是"动迁"工作,村党支部书记李志亮便领头,李东兴、李德文、李锦书等人参与,挨家挨户上门了解情况,宣讲动员,出台解决办法。村民被感染了,涉及旧址保护的50余户村民与县文物中心签署了无偿提供旧宅并支持恢复鲁艺旧址和用作文化抗战展示的协议书。

很快,贺敬之为下北漳"太行山文化抗战纪念馆"题了字,全村四五十处抗战文化旧址修缮工程正式铺开。

下北漳文艺的春天就要来了!下北漳文化团队又开启了丰富展馆内容的文化探访之旅,开始搜集前方鲁艺和太行山文化抗战历史原始资料。他们四处搜寻,从本村、本县、本省开始,后扩大到北京、上海、陕西、湖南、四川、广东、浙江、江苏等省市,只要是曾与前方鲁艺发生过交集的地方,都是他们倾心拜访的目的地。

李东兴曾到杭州、上海找寻陈铁耕、黄山定、胡一川、罗工柳、彦涵、杨筠等学习美术的蛛丝马迹,与鲁迅纪念馆的著名研究专家乔丽华建立了学术联系;到延安鲁艺文化园区了解鲁艺文艺工作者当年赴太行山前后的情况,与园区主任、著名鲁艺专家刘妮一直保持着密切关系……他在各地联络起一批颇有影响力的专家学者,给前方鲁艺下北漳村旧址的挖掘传承，提供了强有力的理论支持和学术后援。

2018年底，他在广州（从化）与伊琳的儿子许国力、许晓力见面，揭开了"八路军的女儿"代育（路西）的身世之谜；走访广州美术学院胡一川研究所，与胡一川的女儿胡珊妮、外孙女肖珊珊见面，获得许多珍贵的资料。

2019年1月，本地专家郝雪廷与县文旅中心相关人员组成"红色文村"下北漳访问团，进京看望杨筠、黎辛等鲁艺老前辈，受到著名音乐家马可的女儿马海莹、著名音乐家安波的儿子刘嘉绥、著名文艺教育家牛犇的女儿牛太平、著名美术家罗工柳的儿子罗安、著名美术家彦涵的儿子彦东等人的热情接待，收集到大量难得的史料。

2020年10月30日，在县领导和有关部门的支持下，山西省革命文物保护利用推进会在下北漳村召开，与会领导及各地相关人员纷纷到来，沉寂多年的下北漳村到处荡漾起浓郁的红色记忆。

2021年以来，在国家与当地政府的支持下，武乡县文物保护和旅游发展中心主任杜煜带领他的团队，加大了对下北漳的改造力度，曾经残垣断壁、荒草淹没的文化旧址，在八路军总部王家峪旧址"1+4"片区革命文物保护利用中修缮一新；实施了一系列文物保护利用和基础设施工程，配套建设了游客接待中心；陆续开启了对旧址文物的活化利用、文创产品开发、抗战文艺演出、鲁艺版画体验等项目的规划设计。其中由县文旅中心自编自演、以太行奶娘高焕莲养育版画家彦涵儿子故事为原型的实景剧《四年》，一亮相便赢得游客的交口称赞。

2024年1月,在时任武乡县县委常委、宣传部部长石永兵的带领下,杜煜和相关人员专门远赴成都,寻访到彦涵的儿子"四年"——彦冰,80多岁的彦冰眼泪汪汪,向亲人讲述了在武乡难忘的4年童年时光,并将父亲当年创作的版画《找妈妈去》赠给家乡亲人。

今天的下北漳村,21个文物旧址院落主体已经修缮完成,多个革命文物主题展览陆续开放;农家餐饮、特色民宿、景区交通等项目也正在紧锣密鼓建设中。下北漳村处处弥漫着前方鲁艺与抗战文化的气息。

下北漳村距离八路军总部旧址王家峪不到6公里,加上其红色旧址与国家4A级景区的双重价值,使其成为太行一号旅游公路上的一处美丽的驿站。

往昔,军民鱼水一条心,共御外敌;今天,政府、民间共发力,再谱新章。在当时堪称"华北抗战前沿的文化中心""敌后文化抗战指挥所"的太行山上的小小村庄,历经岁月沧桑,仍然闪耀着熠熠光辉,经过一代一代、一批一批有志者的接力、传承,下北漳这把文化之火,将越烧越旺。

俯瞰下北漳村

抗战凯歌永远飘扬

◎ 孙俊堂　李　左　李文英

80年前
NIANQIAN

武乡的盲人曲艺队起源早、分布广，抗日战争前约有50多人，是一群饱受欺凌的社会底层人民，他们大多眼盲身残，靠走村串乡说书为生。虽然有一个盲人会组织，可是盲官独裁霸道，常常对会员们随意打板、罚骂，毫不留情。

在漫漫无边的黑暗中，这些地位卑微的艺人们竭尽全力唱出对光明的期盼。当日军对中国发动侵略战争，全国掀起抗战高潮时，这些眼盲心亮人微义重的艺人们也开始了自己的救国行动。

先是盲人中的青年孟文华、张国维等人主动与县牺盟会联系，得到支持与帮助，又到政府领取了正式公文，组织盲人编唱新鼓词，将队伍陆续扩充了36人，壮大了盲人曲艺宣传队。

1938年10月1日，武东83名盲艺人齐聚马村龙王庙前，参加抗日宣传誓师大会，正式成立了太行抗日救国盲人曲艺宣传队。

然而，旧艺人的生活习惯及旧的文化形式都影响着新文艺新思想的传播，根据地政府通过改组内部组织、派遣新领导、建立新机构、举办培训班等方式，对该组织进行教育、改造，正式选出盲宣队干部、秘书，并分了小组，划分了地区，规定了会议汇报制度并通过三项决议：说新书，下乡宣传；取消刻八字、算卦；新书不够，可以说旧书，但得说政府许可证上的书。

改造后的盲人曲艺宣传队焕发出了勃勃生机。有了部队和地方文艺工作者对盲宣队的指导，武乡曲艺演唱从内容到形式都进行了大改革，初步改变了地方曲艺旋律单调、伴奏简单等状况。部队曲艺工作者也从政治上、艺术上对武乡盲艺人给予直接或间接的指导，同时还得到著名作家高沐鸿、赵树理、陈荒煤和曲艺家寒声的帮助，无论是艺术形式、演员素质，还是表演技巧，都有了极大的改变，成为根据地最接地气的一支宣传力量。

当盲艺人们的自我价值得到社会肯定时，他们便主动承担起根据地更广泛的宣传责任。1943年春，由胡海亮、宋锦端、李锦书率领20余人，组成3个组分别到榆社、武西、左权3个县开展宣传与组织工作。1944年春，又派出两个组，由魏富生、胡海亮率领分头到襄垣、太岳区进行组织宣传工作。

1944年，冒着战火硝烟，武乡、榆社、襄垣、左权、长治太行五县曲艺联合委员会成立，更加成就了这支太行革命根据地的盲人红

抗战时期"武乡盲人宣传队"专用胸章

色文艺队伍。盲宣队从边缘走向主流,从"娱乐民间"走向"图解政策",把抗日歌曲带到敌占区,把抗日政策带到敌占区,成为宣传抗日救国最重要、最活跃的一支文艺队伍。

1941年8月,鲁艺校长、著名文艺评论家李伯钊在《敌后文艺运动概况》中作了精辟论述:"武乡这种形式的盲人宣传队,我在敌后还是第一次看见,其影响之大,是无须再论的。"

在县文教模范工作者会议上,胡海亮与张国维被推选为县模范文教工作者。

胡海亮是武乡县的著名艺人。他有农民的粗壮体格,眼睛有光感,表演传神,一摇动手中那带铃铛的小手鼓,他就像要奔驰的战马,立即抖起精神,一声呐喊后便大声开唱。开头往往是一段当下的工作号召,或是表扬该村的模范事迹。他的手、脚的每个动作和面部表情都能照顾到现场观众。在唱《新旧社会对比》时,当唱到新社会时,他笑容可掬,脸上洋溢着对新生活的热爱;当唱到地主的罪恶时，便双眉深锁，凝起一个沉重的疙瘩！有时他会突然有力地斜劈出一只手臂，有时又拼命跺着一只脚，好像要把地主们打到地下去。在唱到"劳苦群众组织起来"时，他高举拳头，一板一眼地把这句话做重点强调。他用尽全身气力与热情来表演，每说完一书，就算在冬天，也会通身大汗。

从旧社会走过来的贫苦艺人们，无不充满抗战热情，为了抗日宣传而奉献一切。他们的宣传配合中心工作，切合人民的生活实际，涉及参军、反奸、杀敌、生产、减租清债、翻身、文化卫生、婚姻问题等方面。有一次在下型塘村正遇该村发动参军，他们当即演唱了《王国昌参军》，当场感动了15位青年报名。在太谷北凹村搞清债运动时，一部分干部感觉群众发动不起来想要妥协，他们就讲述了《清债故事》，群众情绪立即有了转变。在北田村，他们唱了《石榴仙生产》，推动了该村的妇女工作，临走时全村群众列队欢送。他们的《互助生产好》和根据县劳英会总结而编的《生产经验》，更是巩固了各地变工队，提高了农作法，引得武乡人纷纷表示："过去盲人要睁眼的带路，现在他们可给咱们带路了！"

胡海亮嫡传弟子成光明的作品，代表了当时盲人曲艺宣传队的最高成就。1921年出生的成光明，从小就跟随牧羊师傅学唱山歌；13岁拜胡海亮为师学唱鼓书；15岁拜王云则学弹月琴，并掌握了武乡琴书传统说唱大书《呼延庆打擂》等书目。抗日战争时期，成光明参加了抗日政府组建的鼓书团，并担任小队长。1940年，参加裴清河领导的子弟兵团,自编了《抗日救亡,人人有责》,四处说唱,不到10天就带回8名青年加盟,后编为一班并自任班长补充到三八六旅新一团,被分配在团部话剧团。1940年因病回乡,一直从事抗战文艺演出活动,受到朱德、薄一波等领导的夸赞。1950年,任太原城区曲艺联合会主任,1958年出席全国第一届曲艺会演,受到了周恩来总理的接见。

抗战期间,武乡曲艺宣传队共创作了60多个新作品,演出范围达15个县,曾在2000多个村子进行宣传。他们工作有计划,组织有安排,为调动武乡县及周边群众积极抗战起到不可估量的作用。

在民间曲艺大力发展的同时,来自民间的歌唱运动也展露出无可比拟的重大作用。

1937年10月间,晋冀豫抗敌文化战线迎来四支生力军,包括八路军的三支宣传队和作家丁玲率领的西北战地服务团。他们由陕北东渡黄河进入山西后,三晋大地便处处响起"母亲教儿打东洋,妻子送郎上战场""我们万众一心,冒着敌人的炮火前进"等豪迈歌声。

据西北战地服务团成员、著名歌唱家王洛宾回忆,在抗战时期,八路军进驻华北、挺进太行山后,战地服务团经常深入晋南、晋东南老乡的家里和田间地头。王洛宾曾教乡亲们唱他创作的抗战歌曲《老乡上战场》。这首歌的歌词是:

打起火把拿起枪/带足了子弹干粮赶快上战场/日本强盗到处杀人抢掠/多少村镇都被他们烧光//打起火把拿起枪/

带足了子弹干粮赶快上战场/驱逐日本强盗赶快滚蛋/才能挽救中华民族危亡……

中共中央北方局文化工作委员会成员沙可夫,在他撰写的《华北农村戏剧和民间艺术改造工作》中描述道:"1937年八路军开赴华北前线作战到哪里,随军文艺宣传队便到哪里,哪里便掀起人民文艺的活动,随之抗战热情也空前高涨。歌舞、短剧、活报剧等文艺形式,对宣传抗战起到了很大作用。"

在武乡境内,老百姓更是根据战况编出了形象生动的抗日民歌:"鬼子'扫荡'要出发,哎咳哟,咱们快埋铁西瓜(地雷),敌人进村踩上它,粉身碎骨开血花。"

1941年8月,八路军一二九师下达了"关于开展敌伪工作,粉碎抓丁"的指示。同年底,晋冀豫边区党委和冀南军区作出关于"成立对敌工作站"的决定,此后,部队和广大文艺工作者立即开始刻宣传版画、张贴宣传标语,对敌喊话"你们的父母妻儿等着你们回家,你们把命丢在这异国他乡不值得""天皇在家享福,你们在外替他卖命""八路军优待俘虏"等,动摇敌人军心,瓦解敌人士气。

反战同盟人员在对日军喊话后,还经常唱一些歌曲,如《早回家》——"啦啦啦,啦啦啦,丢下老婆丢下家,来到中国打天下,今天这儿,明天那儿,没日没夜去厮杀。家里没有米,孩子叫妈妈,儿呀儿呀没办法,只盼你爹早回家"……当时以前田光繁等人为代表的

抗战时武乡盲艺人用过的八路琴，由常惠斌捐献给国家非遗馆 （常惠斌 供图）

大批反战同盟日本兵通过文艺作品，开展宣传工作，成为分化瓦解日军的一支重要力量。

全面抗战爆发后，从八路军挺进太行、深入敌后的那一刻起，宣传民众、发动民众、组织民众、武装民众就成了八路军敌后抗日工作的一项十分紧迫的任务。

宣传、动员的形式多种多样，其中地方民歌派上了极大用场，新词套旧曲成为当时一种省时省力的"造歌"形式，也是及时普及政策的好办法。只是民歌发生了质的变化，它由普通劳动人民抒情言志的艺术形式，演变为根据地军民奋起抗争、对敌斗争的锐利武器。敌后军民一面抗击侵略者，一面放开喉咙高歌。军民饭前唱、饭后唱，操前唱、操间唱、操后唱，会前唱、会后唱，人多大合唱、人少小合唱，拉歌、赛歌，有人的地方必有歌。

敌人的残暴，很快就出现在《武乡县城遭大劫》《峪口惨案》《东良惨案》《韩北惨案》《血洗山交沟》等歌曲中；人民群众要活命，要生存，要救国，于是《政府组织起救国会》《快快组织自卫队》《当不了英雄别登门》等歌声响彻云霄；《太行山展开游击战》《粉碎九路围攻》《漆树坡窑洞保卫战》等胜利的歌声鼓舞着军民高昂的杀敌士气;《歌唱马应元》《地雷大王王来法》《少年英雄李爱明》《宁死不屈的四孩娘》《英雄母亲李改花》《歌唱魏名扬》《女扮男装王九焕》等,唱出了英雄们的民族气节和太行山的浩然正气;《朱总栽下白杨树》《军民蓄水池》《手拉亲人送出村》《拥军模范胡春花》《八路妈妈暴莲子》《纺织英雄石榴先》等倾注着军民鱼水深情;《二月里来好种瓜》《夫妻开荒地》《加强生产》等,表现出人民群众开展大生产、支援前线的极大热情;《妇女解放》《买卖婚姻要反对》《军哥哥今日要回家》等反映了妇女解放、婚姻自由、参加抗日的喜悦心情;儿歌《儿童放哨歌》《小小红缨枪》等反映了儿童们站岗放哨、送情报、抓汉奸、共同抗日的坚强意志……

一时间,歌声如号角,似炮弹,唤起民众,打击敌人,成为百姓的呐喊、国人的吼声,成为跳动在民族救亡主旋律上的最强音符。

新中国成立以后,武乡盲人曲艺宣传队依然活跃在武乡县的山山岭岭,以通俗易懂的艺术形式丰富着老百姓的精神生活。

中华人民共和国成立初期，武乡盲人曲艺队著名表演艺术家主要有成光明、史海珍、张叶青、常广生等，他们各怀绝技，广收徒弟，为盲人曲艺队的发展锦上添花。

武乡民间艺人史海珍（左）与徒弟

"说起史海珍，72个哼呀哼。"史海珍身材魁梧，经常穿一身黑衣服，声音洪亮，充满磁性，走过不下百十个乡村，是当地老少皆知的著名人物。每天傍晚时分，他就拉开二胡，敲响点鼓，先闭眼摇头陶醉地哼上一段，然后就开了正本。他的表演风格幽默诙谐，总能抓住现场观众的情绪。20世纪90年代后期，史海珍因年岁已高，逐渐退出历史舞台。

1947年出生于武乡故城北涅水村的常广生，是武乡盲人曲艺宣传队的又一领军人物，也是曲艺队中为数不多的一名共产党员。因二级低视力残疾，不能从事其他劳动，于1965年参加了武乡县盲人曲艺队，是武乡瞽儿腔名艺人张磨孩的第六代传人。他先拜监漳镇东皋村名艺人张晋唐学唱武乡三弦书、武乡瞽儿腔和武乡民歌，后拜在武乡琴书一代宗师王云则儿子王德成名下学习武乡琴书，后又结识琴书名艺人成光明之子成文海，二人取长补短相互学习，学会了武乡琴书、武乡鼓书和武乡快板书的表演技法和技巧，是武乡曲艺界不可多得的艺术人才，是武乡瞽儿腔第十五代传人、武乡鼓书第六代传人、武乡琴书第四代传人，先后担任武乡县曲艺队队长、中国曲艺家协会山西分会会员。

常广生在武乡琴书基础上总结经验，大胆创新，整理改编出了武乡抗战民歌和琴书相结合的有说有唱的《王贵参军》，从曲调、唱词、乐器等方面进行了改革，从而使《王贵参军》主题明朗，押韵齐整，在表演时能引发现场观众的共鸣，经常出现一人领唱众人跟唱的激情场面。

此外，他先后创作出武乡三弦书《秦家烟二弟兄杀敌》、武乡鼓书《长乐滩战斗》、武乡琴书《地雷大王王来法》、武乡快板书《打段村》等众多作品。

如果说常广生是里程碑式的重要人物，那么他的儿子常惠斌则以健康的身体把武乡盲人曲艺宣传队推上巅峰。

1971年出生的常惠斌，是听着毛泽东的故事长大的。《东方红》《大海航行靠舵手》等歌曲成为他幼年思想教育的第一课，强烈的报国情怀，成为他艺术之路的主旋律。

1995年纪念中国人民抗日战争胜利50周年之际，常惠斌精心编创出作品《红星杨》，经县广播局录音制作后，邮寄到中华艺术交流会组委会参加选评，被评为优秀奖。之后记者闻讯而来，一下子激发出了他的创作热情。

2008年，他根据武乡县贾豁村韩奶奶的故事创作出《一碗榆钱》，以朴实生动的语言展现了八路军与老百姓的鱼水深情，获得了第五届中国曲艺牡丹奖全国曲艺大赛节目提名奖，并且作为红色故事参与全国巡演，分别到浙江绍兴、海南三亚、江西井冈山、陕西延安、河北西柏坡等地进行巡演达128场，受到时任政治局常委李瑞环的亲切接见，赞扬他是"太行精神传承人"。当时一起参加巡演的著名艺术家刘兰芳与姜昆，都给予他很高的评价。

2012年，他排演了乡土气息浓郁的作品《送子·参军》，和徒弟胡云云同台合唱，获得中部六省曲艺大赛二等奖；后参加了中国文联及中国曲艺家协会"纪念中国人民抗日战争暨世界反法西斯战争胜利70周年"文艺晚会，开创了武乡盲人曲艺队进京展演的先河。之后，这部作品又作为山西省唯一精选节目，走进国家民族剧院，由中央电视台面向海内外观众进行现场直播，引发观演热潮。

3年后，这个节目改名为《娘心》，他与徒弟暴贝贝分别饰演三钢母子，以抱头痛哭的动情表演、发自肺腑的铿锵歌唱、炉火纯青的曲艺技巧、多重协唱的崭新形式、鼓弦齐鸣的超强感染力，燃爆现场，被中央电视台全程录制，面向全国播放，被选入"学习强国"学习平台，成了家喻户晓的优秀作品。

武乡曲艺宣传队的发展，也得到社会各界的关注，常惠斌在县文化馆的支持下，于2022年夏天开办了公益性"山西省非物质文化遗产

常惠斌演出现场

常惠斌培训班";2023年,又在武乡县全域旅游局的支持下挂牌成立了"非物质文化遗产武乡鼓书常惠斌传习室";还深入城关小学与太行小学,开设了服务性培训班。

常惠斌挖掘、收集、整理了武乡鼓书、武乡琴书、武乡三弦书、武乡快板书和武乡瞽调等艺术内容,抢救性地保护了这些武乡特有的艺术形式,现已出版了《老区艺苑》系列丛书之《姜公案》与《珍珠汗衫记》。

武乡盲人曲艺宣传队历经抗战烽烟的洗礼,在新时代获得长足发展。在它的阵营中,有许许多多令人敬佩的艺术大师,如李红伟、石乃福、胡小龙等,他们共同促成了武乡盲人曲艺宣传队百花齐放的艺术传承。

武乡县文化界老艺术家王仲祥,为抢救革命歌曲,几十年孜孜不辍,悉心挖掘整理,使抗战民歌弦歌不断,唱响太行。

王仲祥,1947年出生于武乡县大有乡一户农民家庭。自幼接触最多的就是听人说书,他也因此爱上民间艺术。7岁时,竟仿制出两把乐器。10岁进入文社火队,跳小花戏,很快就能表演《顶灯》《下楼台》《五更里》等传统节目。

20世纪80年代盲人曲艺队在武乡县城街头表演

1964年,王仲祥考入沁县师范,求学期间掌握了钢琴、手风琴、萨克斯等西洋乐器的演奏方法,并且精通板胡、二胡、笛子、扬琴等民族乐器演奏,为以后的工作奠定了良好的文艺根基。1972年,他以出色的业绩调入县文化馆,从事群众文艺创作和文艺辅导工作。

1977年,他收集印发了第一本武乡抗日歌曲集《朱总栽下白杨树》,受到社会一致好评。20世纪80年代,武乡县妇联编写《武乡妇女运动史》时,专门收入他整理的抗日民歌。

1995年,在纪念中国人民抗日战争胜利50周年、上党战役胜利50周年之际,他受中共长治市委宣传部委托,编印了《太行抗日歌曲100首》。

1998年6月,他调任县文化局局长一职,对艺术团体进行了整顿改革,整理出版了《武乡秧歌音乐集成》。退休之年,仍编写出大型现代戏《红星恋》《太行母亲》《地雷大王王来发》《又见砖壁》等,广播剧《一个共产党员的承诺》,全景画剧《百团大战》,模拟成像剧本《四天四夜》《鬼子进村门》等。收集整理了《武乡民间艺术丛书》《武乡秧歌沿革》《武乡鼓曲沿革》《武乡民间文艺汇集》《武乡民间游戏汇集》。

2014年，王仲祥创作出秧歌剧《太行母亲》，2017年，由武乡县立军文化艺术有限公司投资排演，当年上演，至今依旧很受欢迎。

2020年，武乡县政协文史资料委员会将王仲祥50年潜心收集整理的257首抗战民歌汇编成《武乡抗日民歌》，内容包含《苦难》《组织起来》《战斗与英雄》《惨案》《军民鱼水》《大生产》《妇女解放》《儿歌》《追悼烈士》《胜利》10部分，作为珍贵的文史资料永久保存。

王仲祥深知，抗日民歌是流淌在革命老区人民情感长河中那朵最美的浪花，是革命精神红色基因序列上的重要片段。尽管年过七旬，但王仲祥依旧壮心不已，他要继续在唱响抗日民歌这条路上走下去。

2017年，时任太行小学音乐教师的刘晓芬决定组建一个成人声乐培训班，专门教唱红色歌曲。很快，以"传唱红色歌曲，传承太行精神"为主题的"红色之音合唱团"成立，并且这支合唱团在以后的演出中屡获殊荣。

每年五一与国庆两节，合唱团会在八路军太行纪念馆组织红色歌曲快闪活动；七七事变等重要纪念日，她组织团员登上板山，唱响太行之巅。每一次演出，现场观众都会不由自主地加入进来，与他们同唱，以表达对家国的爱。

山西太行干部学院成立后,决定把《在太行山上》定为学院的校歌,并开设一门激情课《再唱响〈在太行山上〉》。刘晓芬作为课程主讲的不二人选,她马上积极准备,一篇篇论文细读,一个个时间核实,一处处地点确认,查阅、筛选、提炼、勘正,确保每一个知识点都准确无误,保证每一个故事都有资料佐证。

每次带着学员上板山教学,学员都会被脚下悠久深厚的历史所打动,被花儿垴烈士的精神所震撼。面对壁立的板山与鲜红的枫叶,他们激情唱响《巍巍太行》《在太行山上》,爱国之情油然从内心升起,他们不是用声音唱歌,而是用情向烈士、向这片伟大的土地倾诉。

2020年7月,由武乡县政协主编的《武乡抗日民歌》出版。刘晓芬惊讶地发现,武乡抗日民歌竟然有257首之多。于是,她将《太行精神诞生的原始记录——武乡抗日民歌》列入教学计划。

刘晓芬激情指挥

按照抗战不同时期,她分阶段精心梳理出武乡抗战时期的民歌,一是以"痛苦与苦难"为主题的战略防御阶段,代表曲目有《逃难歌》《日本鬼子真凶狠》等;二是以"觉醒与抗争"为主题的战略相持阶段,代表曲目有《政府组织起救国会》《动员抗战小唱》等;三是以"战斗与歌颂"为主题的战略反攻阶段,代表曲目有《抗战进入大反攻》《全民动员支前忙》《抗战胜利有了保证》……

2022年,全县基层文化服务队在文化馆培训时,刘晓芬首次试讲,得到极大好评。凭借对红色歌曲的传承,刘晓芬成为市人大代表、市妇联代表、武乡最年轻的政协常委,但她只有一个目标,那就是让红色歌曲永远唱响在太行山上。

太行山上歌声亮,武乡歌声震太行。一代又一代歌者,将在武乡这片大地持续接力,唱响太行!

由武乡县立军文化艺术有限公司投资拍摄的《太行母亲》剧照　(张兴田　摄)

涓涓不息"圣人泉"

◎ 郝雪廷

80 年前
NIANQIAN

在武乡东部板山脚下,有一个村庄叫左会村。1939年夏,日军对晋东南地区发动了第二次九路围攻,八路军总部从潞城一带再次迁驻武乡县。随之,准备在左会村东北一处叫做黄崖洞的山坳里建设一座兵工厂。

为建设兵工厂以及厂区外围的防御工事,一队人马进驻左会村,这支部队便是八路军总部特务团。紧接着,为配合作战,一二九师卫生部、八路军野战医院等也先后进驻左会村。

一时间,百余户人家的村子,家家户户都住满八路军。问题也很快出现,一个小小的村子一下增加了千把人。怎么办?住处困难,八路军战士就自己动手搭草棚、挖窑洞;粮食困难,县上迅速组织各乡村送来军粮与蔬菜……可是,十年九旱的太行山区,本来就非常缺

左权将军挖泉用过的铁镐
（王照骞　摄）

八路军总部特务团驻左会村团部旧址　（王照骞　摄）

水，吃水成了大难题。

老百姓的水窖，没几天就见底了……区上的干部只能组织附近村庄的群众，从很远的地方挑水送往这里。

八路军副参谋长兼前方总部参谋长左权来左会村视察时，发现了水源奇缺这一问题，他看到八路军战士以及野战医院伤病员吃水都得跑几里远挑水，甚至卫生员给伤病员洗衣服、洗绷带，都需要集中起来到20多里开外的蟠洪河去。

看着长长的挑水队伍，看着远处的洗衣妇女，左权向当地百姓打听，才知道百姓平时吃的都是雨季储藏在水窖里的水，不仅少，而且又苦又涩。遇到天旱，就得跑几里、几十里路去挑水。

一次与老百姓攀谈时，一位老者给他讲了一个故事：二郎神担山赶太阳，他留在葫芦里的水休息时流成一股山泉。当地百姓误以为是龙王爷发慈悲，就修建了龙王庙，可庙刚盖好还来不及跪拜，突然头顶一声炸雷，泉水就钻到了石缝中，同时天上传来声音："欲得圣泉流，除非圣人来！"

自此，当地就留下了一首民谣：

左会村村民在"圣人泉"挑水 （王照骞摄于1964年）

圣人泉，圣人泉，埋在山底几千年。

有朝一日圣人来，泉水滚滚浇田园。

左权不信神，但这个故事让他若有所思。

他决定率领总部特务团后勤处的人员上板山找水。山上怪石嶙峋，荆棘遍地，根本无路可走。在老乡的带领下，一行人爬上山顶，把尽收眼底的山头、峭壁、深沟、大树、古庙和碑亭，一处处标在地图上,仔细寻找水源迹象。

连续好几天,没有收获,有同志便提议转移医院。左权却语重心长地说:"咱们可以转移,可是老百姓怎么办?我们要和群众同甘共苦。"

功夫不负有心人。终于,左权在一处断崖下发现一个树木葱郁、花草也特别茂盛的地方。拨开古藤一看,有湿润的泥土。他端详了一阵后,高兴地对大家说:"底下应该有泉水,快来挖挖看。"

于是,参谋长和战士们顶着烈日,挖呀挖,漫长的挖掘之后,忽然"哗"一声,一股清澈的泉水从石缝间喷涌而出。

随后,左权又带领军民用木槽修成一条引水渠,并在村中建了一个蓄水池,不仅解决了特务团和野战医院的用水问题,村里百姓也不再为吃水发愁了,而且还惠及附近湾则、窑湾等村庄。老百姓都高兴地称赞八路军中真有"圣人",于是就把左权带领战士们找到的泉水称为"圣人泉"。

八路军与左会村的军民鱼水之情,也随之更为浓厚。村中的申生木、申青木、申金良、申珍明、申孟虎、申金书、韩法祥、早生才等18名青年先后参加了八路军。在艰苦的战争中,有8人相继牺牲在屯留、安阳、孟县等地,他们的遗体再也没能返回故土。

1941年初冬,在一次日军对黄崖洞兵工厂的战斗中,残敌上至板山山腰,年仅19岁的申海尧为了保护"圣人泉"的引水渠,把敌人引到绝壁悬崖,自己却不幸牺牲。

8 年后 NIANHOU

　　61岁的申端阳，从小吃"圣人泉"的水长大。父亲是老八路，右腿在淮海战役时受伤，不能干力气活。所以端阳十四五岁时，就开始给家里挑水了。

　　1993年底，左会村原党支部书记调到洪水镇镇政府工作，新任村党支部书记申国珍已经五十几岁，他希望上级配一名年轻点的村委会主任。村民们都推选申端阳，当时的窑湾乡领导经过考察，也认为申端阳是合适的人选。可他高中毕业后就"下了海"，在洪水镇开了商店，生意做得风生水起，他会不会回村呢？

　　乡领导找他谈话时，申端阳当即表态："只要村民们推选我，我就干，而且一定干好！"

修缮一新的野战卫生部左会村旧址、钱信忠部长旧居、"圣人泉"蓄水池

申端阳走马上任，挑起了村委会主任这副担子后的第一件事就是，他要让"圣人泉"的水自动流进每家每户，让所有村民都吃上自来水。

他与老支书申国珍及村"两委"经过研究，决定采取"两条腿"走路的办法：一是依靠自己，就地取材，筹集资金；二是积极向上级领导反映，争取镇、县两级领导的支持。

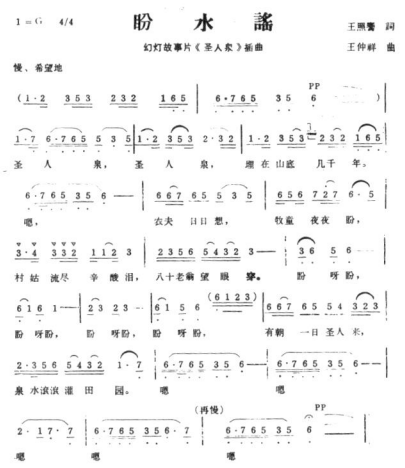

20世纪80年代在左会村拍摄的幻灯故事片《圣人泉》插曲《盼水谣》曲谱

经过努力，在左会村对面的山坡上修建了蓄水池，通过自动水压，送达村顶蓄水池，又从蓄水池接出8根出水管，送向各家各户。其间，资金出现空缺，他就回家做妻子的工作，把开商店的积蓄拿出来。经过村"两委"的努力和群众的支持，"圣人泉"的水在当年秋天进入各家各户。左会村147户人家，家家吃上了自来水。

到2013年，20年过去了，因为年久失修，水管堵塞，自来水不是流得慢，就是没有水，一壶水得接大半天。村里大部分人家都是这样，有的只好重新拿起扁担，到村口的水池挑水。

2014年初，在全村党员和村民的推选下，已经卸任的申端阳再次走马上任,村党支部书记、村委会主任"一肩挑"。之后,他带领左会村"两委"展开让"圣人泉"重新流入每家每户的工作。

这次比20年前容易多了。一是国家对山区吃水困难补助有了许多优惠政策;二是武乡县早已把发扬"八路军文化"、大力发展红色旅游作为全县发展的一项战略措施,左权将军与"圣人泉"的故事被编为鼓书、戏曲等各种文艺形式进行宣传,有了一定的知名度。所以,当申端阳到镇里和县里把当前左会村的吃水情况反映之后,立即引起

左会村新貌

有关领导的重视。县水利局、县扶贫办和县财政局驻左会村扶贫队的主要领导，都积极协助帮扶解决。

说干就干，经过与村"两委"研究，工程马上开工。在资金还没有到位的情况下，申端阳又一次拿出4万多元垫上，开始铺设管道、修建1000立方米蓄水池等工程。

到2015年春天，1000立方米的蓄水池顺利建成，6个阀门井如期竣工，群众吃水难题大大得到缓解。到2016年秋天，左会村家家户户又吃上了自来水。

如今，左会村已被列入长治市"美丽乡村"建设试点村，200万元建设资金已经到位。县文物中心为左会村修复了八路军旧址以及"圣人泉"纪念亭等，村里建设了红色文化讲坛、八路军大食堂，老百姓办起了"农家乐"……

2023年换届选举中，申端阳因年龄已高主动让贤，转而担任了县文物保护中心文保员一职，开始面向四方游客讲解八路军在左会村的故事，如同"圣人泉"一样，滔滔不绝、生生不息……

青鸟长歌太行魂

◎ 蒋　殊　常晓宇

1937年9月,朱德与彭德怀率领八路军总部从陕西东渡黄河,挺进山西,一路辗转,进驻太行山,落地武乡。庞大的队伍中,还包括八路军副参谋长左权。

左权与太行山的缘分,就此拉开。1939年4月16日,左权与战友刘志兰结婚,一年后的1940年5月27日,他们的爱情结晶——左太北在武乡诞生。

左权夫妇与女儿左太北在砖壁村

残酷的战争,却有爱情的浪漫、亲情的温暖,可那毕竟是战争时期。1940年8月底,震惊中外的"百团大战"即将爆发。彼时,刚刚三个月大的左

中共北方局王家峪旧址　（王照骞　摄）

太北必须跟随母亲撤离。于是一家三口在这片见证了左权爱情与亲情的土地上，留下一张珍贵的合影。

之所以珍贵，是因为这张照片成为左权一家三口唯一的一张合影。

1942年，日军开始疯狂报复，"扫荡""蚕食"相继展开。5月22日，日军利用先进的电讯技术发现了八路军北方局总部的位置，集结重兵而来。两天后，八路军总部不得不利用夜色转移，跟随左权转移的是北方局党校干部、译电员、医护人员及伤员共计一百多人的队伍。

25日，一行人到达最后一个封锁口——辽县（今左权县）十字岭，在这里他们不得不面对敌人密集的火力。为了保证缺乏实战经验的非战斗部队安全，左权主动冲在前面，然而却有两颗炮弹先后在附近爆炸，左权的头部和胸部分别被弹片击中倒地。

年仅37岁的年轻将军从家乡湖南一路抗日来到山西，在武乡这个抗战之都连续参与指挥了长乐之战、百团大战、黄崖洞保卫战等一系列著名的战役，一度令日军闻风丧胆，然而，最终却以这样的方式血洒十字岭。

9月18日，中共辽县县委、县政府举行了纪念九一八11周年暨辽县易名典礼，从此辽县易名左权县。会上，当地文艺工作者还为他创作了歌曲《左权将军》：

> 左权将军家住湖南醴陵县
> 他是中国共产党的优秀党员
> 参加中国革命整整十七年
> 他为国家他为民族费尽心血
> 日本鬼子五月"扫荡"咱路东
> 左权将军麻田附近光荣牺牲
> 左权将军牺牲为的是老百姓
> 咱们辽县老百姓要为他报仇恨
> ……

10月10日，晋冀鲁豫边区政府为左权举行了公葬仪式，战友彭德怀激情写下:"露冷风凄,恸失全民优秀之指挥;隆冢丰碑,永昭坚贞不拔之毅魄。"

左权牺牲的消息,一直隐瞒了在家乡的老母亲7年。直到1949年湖南醴陵解放时,朱德总司令特别指示所有入湘部队都要绕道醴陵看望英雄母亲。当战友们远远看到一位白发苍苍的老人站在院门口,挂着拐杖张望着等待儿子归来的情景时,所有人齐刷刷地跪倒在老人的面前说:"您的儿子没有回来,我们就是您的儿子!"

将军的母亲没有恸哭,而是请人代笔,为儿子写下深情文字:

吾儿抗日成仁,死得其所,不愧有志男儿,今已得着民主解放成功,牺牲一身,有何足惜,吾儿有知,地下瞑目矣!

左权将军的照片,高高悬挂在八路军太行纪念馆内,旁边是朱德总司令为他写下的悼诗:

名将以身殉国家,
愿拼热血卫吾华;
太行浩气传千古,
留得清漳吐血花。

除了八路军太行纪念馆，左权一家三口唯一的那张合影，也永久悬挂在王家峪八路军总部旧址等多处左权将军留下足迹的地方。

武乡处处有左权，老区处处有左权，太行处处有左权。

80年后 NIANHOU

田悦慧是吕梁山南麓的临汾市隰县人。2000年9月，热爱朗诵艺术的她毕业后来到位于武乡县的八路军太行纪念馆，成为一名太行精神讲解员，从此把青春、热爱、情怀与责任一并交付给太行山。

朗诵与讲解大不同，尤其是讲解伟大的太行精神。该从哪里入手，最初的田悦慧有些茫然。工作开始不久后，她接待了几批老八路。出现在她面前的这些老人家带着伤残的肢体，带着身体里没有取出的弹片，还有烽火硝烟中留下的战争记忆，步履蹒跚地走进纪念馆。面对一件件旧物、一幅幅旧照、一个个故人，他们几乎说着同样的话、问着同样的问题："这也许是我最后一次来看战友了，你说，再过几年、几十年，还会有人记得他们吗？你们会记得他们吗？"

尤其是面对左权将军的遗像，并肩战斗过的战友们更是无法控制内心的悲伤。

老八路满含泪水与充满期待的眼神,深深震撼着年轻的田悦慧,她瞬间感受到"英雄不能被遗忘,历史需要人去讲述"的使命,也明白了肩上有了一种"精神必须传承下去"的重任。

从此,她将全部心血和精力都倾注于这份高尚的事业中,开始埋头大量阅读与抗战有关的历史资料、人物传记,并专程多次赴北京、河北及山西周边市县采访了200多位开国将军、老八路及将帅子女。武乡那片凝结着太行精神的红色热土,她更是无数次反复走过,一边走,她一边留意征集八路军军史资料、人物故事及革命文物。为进一步提升理论水平,她先后进入山西大学、北京师范大学、中组部干部学院等高等院校进行专业深造。几年下来,她的讲解内容得到极大丰富,讲解质量与水平有了极大提升,讲解形式也不断创新,赢得观众高度赞誉。

田悦慧参加山西省首届红色故事大赛,获专业组"金牌讲解员"称号

2005年,是田悦慧在八路军太行纪念馆工作的第五个年头。这一年,三名香港游客前来,田悦慧重点为他们讲解了广大华侨毁家纾难积极支援祖

田悦慧为徐向前之子徐小岩将军(右二)讲解

国抗战的故事。深受感动与震撼的三名游客回去之后又相继组织了三批香港旅游团，并亲自带队来到八路军太行纪念馆参观。

此后多少年，在纪念馆领导的支持下，她坚持去往全国各地寻找当年熟悉太行山抗战的老军人、老首长。每次得知她从老区武乡前来，老人家们都会非常热情地接待她，饱含深情地给她回顾战争年代的过往。她一边听，一边记，一边流泪。每每那个时候，她就觉得如果不好好去讲述这些故事，就对不起这些老革命当年的付出，更对不起那些逝去的英魂。

"我时刻被这伟大的历史震撼着。只要站在这里，我的心就回到那个战火纷飞的年代。"在八路军太行纪念馆，田悦慧一次次被曾经的英雄打动，也一次次通过自己的讲解打动着一批批来自四面八方的观众。

2004年，她仅仅休息了68天产假就回到岗位，担当起为第十一世班禅讲解的重要任务；孩子出生仅8个月，她就去了北京师范大学深造，并参加了"太行精神，光耀千秋"全国巡展巡演。

2009年，由于长时间超负荷讲解，年仅28岁的田悦慧患上了严重的声带息肉，不得不进行手术。可没多久，她就又回到岗位上。由于长时间站立，她的两个膝盖长出严重的骨刺，然而听她讲述的观众，从来没有从神情上看到她身体的疼痛。于是有游客深情地为她留言："太行山有一种青鸟，每到万物复苏的时刻，总会用沙哑而略带磁性的叫声唤醒沉睡中的人们，告诉他们充满希望的春天要来了，而你就是那只永不知疲倦用真挚情感歌颂太行魂的青鸟啊！"

确实,她这只青鸟,始终在老区的土地上用嘶哑的喉咙歌唱。每次在左权将军遗像前给观众朗诵朱德总司令怀念左权而写下的诗时,她都会抑制不住地哽咽,继而流下泪水,让在场的观众无不跟着动容。最后,她也总会收起眼泪,控制情绪,为观众唱那首家乡人为左权写下的歌,表达对将军的无限敬意。

在八路军战绩统计表前,在盛赞八路军太行精神的总结词前,田悦慧又会以她特有的感染力,一次次带领全体观众唱响那首激情高昂的《在太行山上》。

在八路军太行纪念馆的24年,田悦慧一路成长,先后接待了40多位党和国家领导人,30余万人次社会各界群众,率"八路军精神"宣讲小分队义务宣讲800余场。获得的荣誉更是数不胜数:全国"红色故事大赛"优秀讲解员、全国百名"五好讲解员"、全国讲解员大赛小品创新奖、全国革命纪念馆宣教比赛"最佳表演奖",山西省"金牌讲解员""十佳讲解员""优秀党建名嘴"等一系列称号。她还是山西省第十一届、第十二届党代表。

今天,她已经从当初那名青涩的讲解员成长为一名综合能力过硬的副馆长。到了管理岗位的她除了要继续担任必不可少的重要讲解任务之外,她把心思全部用在培育新人上。她深知,讲解员就是纪念馆的名片,讲解与服务的质量水平直接影响着纪念馆的形象,影响着太行老区的形象,甚至影响着中国的形象。因此,她像当初要求自己一样,严格要求队员在具备坚定的信仰、高尚的品格、高度的民族精神的同时，还要具备广博的文史知识、深厚的革命情感，以及精湛的专业技能和讲解艺术。

为将太行精神更深入地传递给更多的人，她组织了"抗战家书进军营"活动、编排了抗战故事剧《抗战女杰与巾帼英雄》和纪念八路军太行纪念馆建馆30周年主题文艺节目，带领队员深入机关单位、部队、厂矿、企业、院校，用丰富多彩的表演形式，义务宣传演出600多场次。

田悦慧深知，传承太行精神应从青少年抓起，于是她积极促成与推动青少年研学及馆校交流合作，先后与50多所大中小学签订了"爱国主义教育与思想政治教育基地"共建协议书。在开展的青少年"穿八路军服、扛八路军枪、讲八路军故事、体验部队生活，争做四有好少年"系列研学活动中，培养出近1000名"小小八路讲解员"。

如果在节假日到八路军太行纪念馆，一定会遇到这些"小八路"，绘声绘色地为观众讲解。

田悦慧从老八路身上传承下来的太行精神，已经悄无声息地传承到比她更年轻的青年与少年身上。

她，一直是观众眼中那只青鸟，站在太行山上，不停歇地唱下去。

炉家掌的春天

◎ 郝雪廷　李　左

"五爪通三县,一掌聚资源。"说的正是武乡县大有乡炉家掌村在抗日战争时期的独特贡献。

提起炉家掌,有一座庙不得不说,它就是饱经风霜的黑龙庙,虽没有富丽堂皇的宫殿,也不是闻名遐迩的宝刹,但他却在大有乡的版图上,在血雨腥风的抗战中,以坚定的身姿护佑过八路军,庇护过老百姓。

大有乡地处太行山西麓,是典型的丘陵地貌,全乡地形狭长,随山势起伏迂曲,是适于隐蔽与休养的好地方。炉家掌村在这条沟的最深处,爬上其紧靠的五爪山,向北连接榆社、左权,向东可至涉县、黎城。

1937年7月全面抗战爆发后,地理位置优越的大有乡,退可固

八路军战士帮助村民挑水

守，进可杀敌，特别是炉家掌村，群山环绕，路远巷深，是一个隐秘之地，故而在全面抗战的艰苦岁月里，自然而然成为八路军调兵遣将、囤积军需的重要之处。

当年太行三地委、太行三专署、太行三分区在大有村驻扎，庞大繁杂的机关各部门，几乎遍及大有村周边的所有村庄，比如三分区军需处就在黑龙庙常驻，因为这里四面环山，非常隐蔽，再加上这个庙宇可供屯粮草之用，所以黑龙庙成为一个非常隐秘的军需仓库。

可这个后方并不是真正的后方，有时也会变成前线。1942年，日军纠集4000多名日伪军偷袭三分区机关，沿着左权的山头一路屠杀过来，竟然杀死村里20多名村民，与之激战的八路军部队也遭受重创，负责指挥的三分区司令员郭国言不幸牺牲。全村老小为之悲鸣，纷纷

八路军设在炉家掌村的后勤物资仓库

表示要为英雄报仇雪恨,就连缠着小脚的妇女也主动走出家门,要求到医护点帮忙。

当年,八路军一二九师师部、三八五旅旅部、十四团团部、武乡独立营、名扬游击队等机关来来往往,黑龙庙几乎没有断过八路军的身影。新中国成立后曾任海军副司令员兼参谋长、抗战时期任一二九师机要科科长的杨国宇将军,后来在回忆中就多次提到炉家掌,说一二九师在武乡活动期间常常在炉家掌小憩,因为武乡名扬游击队的一个中队一直在这里,安锅做饭非常方便。曾任海军副政委、抗战时任三八五旅政治部主任的卢仁灿将军,更对这里了如指掌,从长乐村战斗、白晋线战役、百团大战,一直到蟠武战役、蟠龙围困战,每次战斗结束,旅部都曾到此休整,一说进驻炉家掌、回到黑龙庙,就有了回家的感觉。

村西北的宣化山还有一座庙宇,叫正觉禅寺,是八路军重要的粮草物资仓库。古话说,兵马未动,粮草先行。太行三分区从各地调集来粮食、草料、药品等军用物资,以解决根据地军队的给养问题,还有从白晋线上缴获回来的重要物资,如黄色炸药、紧缺西药、电话线等,为了隐蔽保存,还专门在寺内修了地下暗道、石窑洞等,各种军需物资也被接二连三运送到这里。羊肠小道上,经常会有黑驴子驮着粮食与棉被走进村里,把物资储备在黑龙庙和宣化山。在这里,不仅有专人站岗放哨,更有专人对物资药品进行分类管理。

这里还驻扎过八路军野战医院分区医院战地救护所,抢救过无数伤员。1942年3月15日,太行三分区根据情报,调集分区部队决七团、决九团开赴榆社白庄村一带伏击日军。16日上午,日军运输部队18辆汽车,沿武(乡)榆(社)公路北进,进入我伏击圈,三分区部队突然向敌发起冲击,双方展开白刃格斗。经过一个半小时激战,胜利结束战斗,端掉日军组织的"战地观光团",共歼敌少佐以下100余人,俘6人,缴获步枪百余支、轻重机枪9挺、掷弹筒3具,烧毁汽车18辆,更缴获了一门天皇御赐的山炮,创造了伏击敌人机械化部队的空前奇迹。然而,决七团团长尹立海不幸牺牲,24名战士负伤。战斗结束后,全部伤员都被转运至炉家掌救治。

1944年7月23日,太行三分区七六九团一部从武乡上广志村长途奔袭,到达左权县榆辽公路附近,次日由团长马忠全指挥,攻打日军

抗战时期，妇女们将八路军伤员抬到炉家掌的野战医院

重要据点红都炮台。该团三连担任主攻，二连、四连增援，二营六连、七连在大炮配合下从正门方向佯攻。激烈的战斗进行了一整天，最终，攻陷炮台，守敌全部被消灭，三连连长姚思亮等70余人牺牲。20多名伤员由三连卫生员李和旺负责，转运至炉家掌正觉禅寺军分区医院战地救护所救治。当时由于医院医护人员不足，村里的妇女们主动担当编外护士，她们不仅洗绷带、清理医疗器械，而且也学着换药、护理伤员，还上山采药解决药品短缺问题。

抗战时期，村里的庙宇都成为八路军的活动场所。除了黑龙庙、正觉禅寺这两座大庙，还有观音庙、牛王庙、太子庙等，这些庙宇或作电台，或作办公，或作哨所，无一而不物尽其用。

偏僻而宁静的炉家掌，就是战争中一方温柔的港湾，就是战士出征前最甜美的梦乡。这里山山岭岭都有军营，家家户户都是亲人。每当战斗结束，八路军伤员就会被陆续抬送至此，全体医务人员便忙碌起来，做手术、绑绷带、换纱布……洗涤纱布的血水曾经染红炉家掌脚下的小河。医药的味道曾让这里的气氛变得格外肃穆，也格外有希望。

如此牵动人心的一处旧址，在抗战结束后恢复了平静，曾经人声喧闹气氛紧张的局面一扫而空，曾经的一处处红色旧址也随着时间的推移，破毁、坍塌……

8年后 NIANHOU

参观的游客们站在炉家掌村头,给人的第一印象就是震撼。村里最显眼的是近年刚刚修复的黑龙庙。

出生在炉家掌的胡国强,从小就听着抗战故事长大。多年后,他成为山西东庄煤业集团党委书记、总经理,又兼任武乡县树人基金会理事长一职。多年来,他对家乡一片片旧址格外看重,每次从工作单位回到村里,望着杂草丛生、残垣断壁的一处处遗址,都会感慨万千,立志要将曾经的历史遗迹恢复。之后,他着手查访史实,认真

修缮一新的黑龙庙

考证，向村里的长辈打听当年往事。他不辞劳苦，多次请教专家、学者、文物工作者。

随着越来越多有价值的资料到手，胡国强清晰地意识到炉家掌在抗战中的重大贡献，尤其是黑龙庙、宣化山上的正觉禅寺与观音庙，以及村里的每一孔窑洞，都是抗战风雨的亲历者。他的脑中经常映现出当年在这里匆匆转战的机关、络绎不绝的战士、驴马驮运的物资、绷带缠身的伤兵……为此，他多次找武乡县文物保护和旅游发展中心等相关单位，进行热切呼吁。

一个好汉三个帮。当胡国强把维修抗战旧址、拯救红色文物的想法与乡邻好友交流之后，得到大家的一致赞同。同是大有乡乡贤的胡庆丰、任国祥、王祝平、李巨全、董玉斌等人，强烈支持胡国强的提议，主动承担起保护文物重任，一方面召集村里老人回忆情景，勾绘草图，并寻找文物部门进行正规测绘；另一方面想方设法筹集资金，闯出一条社会力量参与革命文物保护利用的独特途径。

从2015年开始，他们先期筹集到25万元资金，在村南山顶当年八路军设立哨点的地方恢复修建文昌塔，紧接着又策划修复残破严重的黑龙庙。其间，他们积极为文物部门提供原始资料，完成了修复设计方案。但由于资金不足，进展一度很缓慢，于是他们一方面筹集资金，另一方面调动社会力量，组织村民投工出力。2016—2019年，大殿、戏台、钟鼓楼恢复；2021年，东西配殿修复完工，外部护坡垒砌完毕，总投资达400万元。

2019年起,开始对正觉禅寺进行维修,村里积极进行了先期的通水通电通路。为维修提供方便,县文物相关部门对现存文物主体进行维修,村里又动用了社会力量集资,对破毁严重的庙宇进行修葺,目前基本完工,总投资达800余万元。

2020年,还对观音庙、牛王庙、太子庙三处旧址进行全面维修,花费资金35万元。

由于文物修复工程投入巨大,政府资金有限,武乡县委也及时出面,动员社会组织、机关单位、优秀企业及社会贤达共同参与,发起了文物认养工程,从县主要领导到机关工作人员,人人慷慨解囊,最终在东庄煤业集团的支持下完成工程。

当"硬件"修缮一新时,胡国强又开始筹谋"软件"的配套跟进。年过半百的他忙里偷闲,一头扎进抗战史料整理中。一幅幅图片、一篇篇文章,他都认真阅读,细心摘抄、复印或翻拍。

经过多年不懈努力,在黑龙庙偏殿开办了"炉家掌红色记忆馆",支前的送粮车、白晋线运来的道轨、熬在锅里的草药,以及妇女们赶制军鞋、为战士们缝补衣服、给伤员清理伤口……一幅幅珍贵的照片陈列完成。

墙壁生动了,历史回来了。

胡国强并没有就此止步。近年来,他又自掏腰包,在炉家掌建立起一个乡村方志馆,馆藏了省内各县以及外省的部分县志。

从修缮黑龙庙旧址开始,如今的他已经不再是一个简单的历史爱

维修后的正觉禅寺

好者,而是一个真真正正付诸实践的传承者。于他而言,黑龙庙并不仅仅是一座普通庙宇,而是记载着红色革命历史的重要旧址,是永远值得传承的红色信仰。

在胡国强的带动下,炉家掌村每一个人都对村中革命历史了如指掌,随口就可以给参观者讲出一段感人故事。

2024年1月14日,在由长治市文化和旅游局、长治市文学艺术界联合会共同主办的"长治市以地名、景区名命名歌曲创作大赛"中,

由胡国强作词、岳骁勇作曲的《红色武乡，魅力炉家掌》荣获二等奖。其中一些语句最能代表村民心声：

黑龙庙的钟声千年鸣唱，
文昌塔的雄姿万人敬仰。
……
你把坚韧不屈刻进大山，
你让红色根脉代代弘扬。
新日月的蓝图众心描绘，
新征程的路上万里飞翔。

沿着"名扬"的足迹

◎ 魏 苇

八路军太行纪念馆第四展厅,陈列着抗战时期南上合村干部群众赠予武乡县游击队队长魏名扬的一块牌匾,匾上镌刻着"为民谋利"四个大字,右上角是"送给魏名扬同志",左下角为"南上合村全体干部群众同赠",落款为"民国卅四年八月二十五日立"。

武乡县,自古就有习武的习俗。

南上合村全体干部群众赠予魏名扬的"为民谋利"牌匾

1939年3月，魏名扬（右）与名扬游击队中队长裴清河

1933年，中共武乡县委成立时，县委动员组织了王锦心、李福元、李尚文、魏名扬、武三友等骨干召开农民抗债团大会，选举武三友为抗债团团长、李尚文为副团长。接着又组织成立了国术团。这两个团成为党的外围组织，发动了以抗债、抗租、抗粮、抗税、抗丁为中心的农民运动。抗债团、国术团的成员大多是穷苦农民中的练武之人。东区支部的魏名扬、西区支部的李尚文都组织了拳房，默默掩护地下斗争。

魏名扬，1907年出生于武乡县大有乡枣烟村。早在1933年武乡建立党组织时，魏名扬与弟弟魏名标就双双加入中国共产党，走上革命道路。

1937年全面抗战爆发后，武乡县村村像军营，人人都是兵，抗日根据地，一片练武声，培养了一批具有一定武术功底的优秀青年，走上抗日最前线。

10月下旬，经武乡县临时工委研究决定，以魏名扬为首，由杜炘、李衍寿、李安唐、史玉麟、武铭、王克强、王玉华、裴清河、赵振旅等人参加，成立了武乡青年抗日游击队，魏名扬担任队长，群众称之为"名扬游击队"。12月中旬，名扬游击队已发展到500余人。根据薄一波指示，游击队除留下中队以上领导干部外，所有战士全部编入决死第一纵队，后改编为游击二团。1938年1月1日，游击队在大有泰山庙第二次组建。3月6日，冀豫晋省委军事部部长杨树根同志受命东下冀南，并将名扬游击队全部战士领走，编入先遣支队。3月15日，游击队在马村第三次组建。3月18日，八路军一二九师在榆社县云安村为在长乐村战斗中牺牲的叶成焕团长举行追悼大会，名扬游击队赶赴会场，宣布集体参加八路军。5月上旬，魏名扬与几位中队长继续招兵买马，在宋家庄村第四次组建游击队。10月，游击队护送军粮到和顺县，遵照七六九团团长孔庆德同志的指示，游击队编入了八路军七六九团。11月，游击队在东沟村第五次组建。1939年8月下旬，晋冀豫边区游击纵队（即晋冀豫军区）代司令员王树声，在参加晋冀豫边区首次党代会期间，抽空视察了武乡名扬游击队，总结出游击队发展的经验，那就是主力部队在编并地方武装中不能一次性编并，不能不给地方保留优秀的游击队领导骨干，以免影响当地人民武装的再生长。

1942年冬，太行三分区领导与名扬游击队部分队员合影，二排右起第四位为魏名扬

1940年2月22日元宵节之际，武乡县抗日政府在韩北乡韩北村举行军民联欢会，朱德总司令在联欢会上授予该游击队"太行名扬游击队"队旗。6月，遵照三八六旅旅长陈赓指示，名扬游击队开赴屯留余吾镇，编入七七二团三营，尤太忠任营长，魏名扬任营教导员。10月底，在百团大战第三阶段中，八路军在武乡展开关家垴战斗，魏名扬遵照陈赓旅长之命，指挥武乡地方武装进行支前。1941年2月，魏名扬同志离开七七二团回到武乡，游击队在王庄沟村第六次组建。直到1945年8月，游击队在参加解放段村战斗后，奉命开赴屯留，集体加入八路军七六九团，参加了上党战役。名扬游击队的六次组建，共为八路军输送优秀兵员3400多人。

抗战期间，魏名扬带领游击队配合八路军主力部队打伏袭、拔据点、掩护群众转移，有时还组成小分队化装潜入敌据点，捉汉奸、探情报，出其不意地打击敌人。既恨又怕的日军曾以5000金票悬赏缉拿魏名扬。

为了便于抗战工作，中共武乡县委让魏名扬在担任游击队队长的同时，兼任韩北二区区委书记。他就在该区发展了大批党员，如王家峪村的魏来书，土河村的石岗、石岩、石如林，南上合村的赵德山、王国珍等，这些同志后来成为南下北上干部，新中国成立后都担任了重要领导职务。

解放战争时期的魏名扬

1945年8月25日段村解放那天,南上合村全体干部群众特别将魏名扬不畏艰难、英勇战斗、为民谋利的精神凝结成"为民谋利"四个字,精心刻在匾上,送给魏名扬。

8年后 NIANHOU

魏书文是魏名扬的侄儿,出生于20世纪60年代初。1982年从学校毕业后,被分配到韩北人民公社工作,担任公社团委书记,并在公社党委安排蹲点包村时,恰巧分到南上合村。当百姓得知他是魏名扬的侄儿后,大家都把他当家人对待,不管到谁家吃派饭,总要给他做最好的饭菜。

从1982年到2003年,魏书文在乡镇工作了22年。从公社团委书记到乡镇党委书记,积累了丰富的基层工作经验。

2003年,组织把他提拔到县人民政府工作,从此魏书文把主要精力放在交通、城建、红色旅游等方面,努力为到武乡参观、学习并接受革命教育的四方游客创造快捷便利的交通条件与优美舒适的游览环境。

2004年,魏书文把伯父那块牌匾无偿捐赠给八路军太行纪念馆。

枣烟村乡村记忆馆

2011年,他到了县委宣传部工作,弘扬红色文化、宣传红色武乡成为他的主要任务。次年,由他主编的《游击队长魏名扬传奇》一书由中共党史出版社出版。该书全面、系统、翔实地反映了魏名扬及其游击队在艰苦的抗战岁月,在地方党组织的领导和八路军总部的指挥下不断发展壮大,并以百折不挠、顽强战斗、服从大局、不畏牺牲的精神保家卫国的光辉历程。

有一次,著名军旅词作家、《红星照我去战斗》《在那桃花盛开的地方》词作者邬大为无意间在网络上看到《游击队长魏名扬传奇》一书后,深受感动,耄耋之年的他便主动创作了歌曲《三唱魏名扬》,并辗转千里从沈阳专程将歌谱送到武乡,无偿赠送给魏书文。

这一举动让魏书文深受感动,从此更加一心扑在挖掘红色资源、开发红色项目、创新红色文化等工作上。他牵头四处奔走,通过到各地档案馆、图书馆、博物馆查阅资料,到老干部、老八路、老模范家

2018年9月30日，枣烟村乡村记忆馆开馆，魏书文（右一）为来宾讲解

中采访，向专家、教授、学者座谈请教，积累了大量有价值的第一手资料，主编出版了《八路军文化研讨论文集》《武乡抗战故事》《八路军文化教科书》等图书，这些图书涵盖论文、故事、歌曲、图片共20本360万字；参与策划了8集大型历史文献纪录片《太行山上》、6集电视纪录片《八路军在武乡》、宣传片《抗战圣地·红色武乡》和武乡秧歌剧《太行母亲》等；主笔创作的武乡秧歌街头舞《集体婚礼》、武乡民歌舞《当不了英雄别登门》成为武乡文艺活动的保留节目。近年来，他又创作大型民歌剧《红肚兜》在省城上演。

2016年，魏书文到县政协工作后，继续发挥政协优势，调动社会各方面资源，展开新一轮挖掘、收集、编写红色文化资料的工作。由他担任主编出版的图书有《武乡抗日民歌》《武乡秧歌》《武乡武术》《新民主主义革命时期的武乡教育》《武乡图片集》等12本，计300万字。

为了让名扬精神永流传，他挤出时间协助家乡枣烟村编撰出版了《枣烟村志》《老支书魏名标》等图书;指导枣烟村编制出《枣烟村乡村旅游规划》;帮助枣烟村开发建设了枣烟村乡村记忆馆、党性教育主题广场、游客接待中心、枣烟文院,维修了"名扬游击队"营地、武乡独立营旧址等。现在,枣烟村已经成为山西省AAA级乡村旅游示范村、武乡县党性教育基地、山西太行干部学院现场教学点。小小的村史馆也在向人们讲述着"名扬游击队"英勇抗敌的故事和"农业合作社"筚路蓝缕的艰辛。

魏书文深知,"要让红旗飘万代,重在教育下一代"。对自己的两个儿子,他经常有意识、有目的地给他们灌输革命故事,讲魏名扬的故事,讲魏家的家史与家风。

而今,魏书文的长子魏巍已经成为一名中共党员。当他硕士毕业后参加就业考试时,听从父亲建议报考了山西大学马克思主义学院辅导员职位。参加工作后,又考取了博士研究生,研究方向就是"太行精神"。经过几年努力,小有成果,论文《学习把握中国共产党人精神谱系的三个着力点》《充分运用红色资源的理论价值及实践价值》《光耀千秋的太行精神》分别在《党建》《人民论坛》、党建网发表;还先后主持"太行精神研究""山西红色文化资源的开发与运用研究"等山西省委宣传部、山西省教育厅的重点课题。2021年,在中宣部理论局借调期间,他撰写的文章《解码精神谱系 传承红色基因》荣获中宣部主题征文优秀奖。

魏书文的次子魏涛同样是一名中共党员,硕士毕业后,一直为

枣烟村新貌

家乡建设事业服务,近年来先后为武乡县城设计了红色护坡"太行山"、红色公园"鲁艺公园"、红色路灯"光耀武乡"等红色景观。

长江后浪推前浪,一代新人接旧人。

退休后,魏书文婉言谢绝了几家单位的热心聘用,义务担任了山西太行干部学院开发课题的研究员、枣烟村乡村记忆馆的讲解员、太原"家乡书屋"的指导员。

他说,伯父魏名扬走了,父亲魏名标走了,但他们的故事一直在他心中,他要讲述、要传承。

石圪垤的华丽蜕变

◎ 白　露　李子艺

80年前
NIANQIAN

　　武乡石圪垤村历史悠久。抗战时期，石圪垤人积极投身革命，涌现出张斌堂、李克昌等优秀的共产党员。许多年轻人血洒战场，民兵班长李克元、民兵李二丑也在与日军的斗争中光荣牺牲，村民李来水、李富林等人也在抗战中牺牲。抗战结束后，又有李月元、李来元参加了解放战争，后又有李树青参加了对越自卫反击战。

　　石圪垤村最荣耀的时期，还是抗战年代。当时为培养与输送妇女干部，开辟和建设太行抗日根据地，中共中央北方局妇委会选择将村中建于乾隆年间的时飨殿作为妇女干部训练基地。

　　石圪垤距离八路军总部所在地王家峪仅有2.6公里，因此具有地理上的优势。朱德总司令的夫人康克清、彭德怀副总司令的夫人浦安修、左权副参谋长的夫人刘志兰等我国著名的妇女领导人，都曾在石圪垤生

1940年5月,刘志兰、浦安修、卓琳、聂荣臻等人在石圪垤村

第一期中共中央北方局妇女干部培训班毕业典礼

活、工作与战斗过,村子被大家亲切地称为"八路军总部家属院"。

残酷的战争年代,妇女与男儿一样要冲到一线战斗,于是很快在这里创办了妇女干部训练班,吸引了周边许多积极要求进步的妇女前来参加。

1939年底到1940年初,为期三个月的第一期中共中央北方局妇女干部培训班在石圪垤开班,学员是来自太行、晋西北、冀鲁豫、冀中等地的妇女干部,大部分属于康克清负责的各县妇救会。当时培训班的负责人是邓小平的夫人卓琳,任班长;支部书记为刘志兰;妇委主任为浦安修。

同年7月,第二期培训班开班。两期共培训妇女干部100多人,后因形势紧张停办。但两期妇女干部训练班对培养妇女干部、组织妇女抗战、开辟和创建太行抗日根据地发挥了积极而重要的作用。据统计,其中70%~80%的妇女干部在新中国成立后担任了高层次妇联组织干部,所以这里也当之无愧被誉为"中国妇女干部的摇篮"。

当时,村里不仅有培训的教室,还设有专门的妇女干部训练班接待处兼会场。两期妇女干部训练班学员除集中上课之外,还与领导干部康克清、卓琳、刘志兰等交流思想、讨论时局,积极追求自我解放和进步。战斗间隙,这里也常常会有八路军领导干部前来,朱德、彭

中共中央北方局妇女干部训练班石圪垤旧址

德怀、杨尚昆、左权、邓小平、聂荣臻等八路军将领都相继到这里或指导工作，或与学员们座谈，回答大家提出的各种问题。

当时的石圪垤，还有一个明辉广场。闲暇时，会有很多村民聚集在这里，听班上的党员干部为他们讲解革命道理、教唱革命歌曲、讲解党章与党的施政纲领，也举办各类进步活动。在热烈而积极向上的氛围影响下，这里不仅培训出一大批妇女干部，还影响了很多普通村民，提升了他们的思想觉悟。大批妇女因此加入抗日队伍，她们不仅自己参军、支前，还主动将丈夫与儿子送上战场。当时的武乡县就涌现出拥军模范胡春花，纺织英雄石榴仙、王桃梅，革命妈妈暴莲子等一大批英雄妇女。抗战时期，在极其艰难困苦的条件下，全村群众节衣缩食，累计为八路军捐献拥军布鞋5000余双，村妇女组织被授予"巾帼支前模范"组织。

那段岁月，村里的妇女们非常喜欢聚集在这里，她们很愿意靠近这些勇敢的妇女干部。当然，部队官兵与妇女干部们也很愿意帮助村民干农活、做家务。石圪垤村中有一盘碾子，抗战时期村民常在此碾磨粮食，康克清、浦安修、卓琳、刘志兰等领导及学员常在此帮助村民碾米磨面碾谷子。小小一盘碾子，成了一条美好的纽带，连接起军民的情谊，成为抗战时期一道美丽的景致，也成为镌刻在石圪垤村的温馨回忆。

80年后
NIANHOU

干净整洁的街道、高大笔挺的白杨、错落有致的瓦房……走进韩北镇石圪垤村，总能给人一种蓬勃向上的澎湃动力、奋发有为的精神活力。今天的石圪垤，已经成为武乡王家峪"1+4"革命文物保护利用片区村之一。

修缮一新的中共中央北方局妇训班旧址　（李晓斌　摄）

妇女干部雕像 （李晓斌 摄）

石圪垛村充分发挥区位优势，把红色旅游与脱贫攻坚、乡村振兴有机结合，打造出中共中央北方局妇训班旧址乡村记忆馆，修缮了浦安修、康克清等妇委干部院落16座，建成红色文化广场，组建了红色文化团队，成为省内外专家学者、单位团体、游客的打卡地。

"我们要利用好先辈留下的红色文化资源，把各个产业带动起来，组织村民开办农家乐、民俗文化项目及经济园林项目，为村庄蹚出一条富民兴村路。"村党支部书记李红兵这样说。

8岁就离开村庄的李建军现就职于中北大学，算得上一个新时代的乡贤。2014年，当他因参与设计八路军烈士陵园而顺路回到石圪垛村时，发现村内一些老窑洞日益破旧颓败，许多甚至人去屋空，杂草丛生。村边煤矿开采给村庄带来极大的破坏，道路煤尘飞扬，地面塌陷，甚至河水都变成黑色，蚊蝇乱飞，臭气弥漫。于是从2015年初至2016年8月间，他多次邀请省内相关专家深入石圪垛村考察调研，探讨石圪垛村的发展，特别是对遗址核心保护区、建设控制区、风貌协调区的保护进行了深入探究。而今一进村口看到的"石梦生花、绿色立村"的醒目雕塑，最早就是由李建军提出的，他希望这个小山村走上革命文物保护与乡村振兴双发展的道路。这也成为石圪垯人的发展理念，蕴含了石圪垯人与时俱进建设美丽乡村的决心、信心和勇气，更是对展开新农村画卷的激情宣言。精心建设的乡村记忆馆中，一幅幅保存着岁月印记的照片也忠实地记录着村子的年轮。

于是在全国人大代表、民革医科大主委杨林花，太原市永嘉商会会长周华友等各界爱心人士的推动下，在政府的支持下，旧址修缮，道路重建，水源净化……石圪垯迈向蜕变之路。

借助红色底蕴，村子不断拓展延伸，将发展红色旅游、庭院经济、梅杏种植"三项产业"作为主攻方向，培育出6户乡村民宿与农家乐，改造出床位30张；组织妇女在农闲时加工制作的"石圪垯拥军布鞋"，已经成为全县乡村振兴优品展上的爆款产品；梅杏种植经济林达到200亩，挂果后可实现村集体增收30万元。在各种有利条件的扶持下，连曾经的上访户也顾不得出去告状了，一心只想着致富挣钱，过好日子。

今天的石圪垯人，团结一心，众志成城。他们明白，无论是当年妇训班旧址的修缮，还是"筑同心"活动的开展，都不仅仅是为了对曾经的纪念，更多的是为了引导今天的人们追随先辈足迹，践行先辈精神。比如通过"爱村日"活动，涌现出一大批不怕苦、不怕累、不怕脏的优秀村民。每次活动，村民们都会早早来到所负责的区域打扫，并发动全家人对村中的花草树木进行修剪，主动帮助行动不便的老人打扫房前屋后。因此又延伸出"星级文明户"的评选，使得全体村民增强了荣誉感,遇事不再吵闹,做到不冲动、不盲动。村"两委"更是团结协作,实现了小事不出村、大事不出镇,在全村形成良好的文明乡风、良好家风、淳朴民风。

一路走来,村民们感恩红色,更主动保护红色,在村庄总体规划、水土分析、种植实验、红色景点布展等方面做了大量工作,全村共种植林木、花草5000余株。走进石圪垤,近看村中小路蜿蜒曲折,庭院鸟语花香;远看民房错落有致,山色郁郁葱葱。

近年来,村子又打通了与太行一号旅游公路的连接线,完成了污水处理改造及户厕改造120座,按照"洁净家庭"的创建目标,一幅诗意栖居的太行村落美丽画卷正徐徐展开。

今天的石圪垤,已经被全国妇联授予"全国妇女爱国主义教育基地",山西太行干部学院、太行少年军校等单位先后在此建立了教学点,创办了培训课堂,前来参观学习的人群络绎不绝,石圪垤正成为爱国主义教育的"金名片"。

一家六代的接力守护

◎ 采 禾

80年前 NIANQIAN

1940年10月初,震惊中外的百团大战取得胜利,在八路军连续大规模的破袭和攻击下,华北日军损失惨重。惨败之后的日军从10月6日起,开始对太行山抗日根据地进行疯狂的报复性"扫荡"。手段极其残酷,所到之处实行烧光、杀光、抢光的"焦土政策"。

日军的残忍与暴虐激起了八路军的愤怒与仇恨,他们暗下决心,一定要寻找机会,打击日军的嚣张气焰。

恰在此时,日军三十六师团冈崎大队500余人于10月28日误闯黄崖洞兵工厂,由此引发了震惊中外的关家垴战斗。

由于日军的防御工事构筑科学,加上军事装备远胜过我军,还有飞机轰炸,因此在坚持了两天两夜后我方还是未能取得完全胜利,而且伤亡惨重。

战斗结束后,大批八路军伤员被运送到黎城南委泉野战医院,而无法长途跋涉的则被紧急救治后暂时安置在沿途村庄。

其中就有一位受伤的战士,被后人尊称为老雷。

抗战时期,蚜蚄庙村是武乡通往黎城的必经之地。老雷被安置到村里的梁效珍家时,伤势很重,全身五六处伤口洇出大片大片血渍,脸色蜡黄,整个人极度疲惫虚弱。

当时的农村,医疗条件非常差,好在山上长着好多药材。梁效珍的爷爷便立即上山,将连翘、黄连、柴胡、蒲公英等药材采回来。梁效珍的奶奶先是精心挑拣出带叶子的花椒,熬成花椒水,给老雷清洗伤口,之后将粘连在伤口处的衣服一片片揭下来,给他换上自己儿子的干净衣服。之后一边把蒲公英洗净捣碎,涂抹在老雷的伤口上,一边用几样药材精心熬制出清热下火的中药汤,一天三顿喂给老雷喝。

太行山的冬天特别寒冷,滴水成冰。土窑洞里,爷爷捡了柴火,把土炕烧得热热的。白天,奶奶给老雷喂药喂饭、换药清洗;晚上,由梁效珍的父亲陪伴老雷过夜,一家人精心地照料着老雷。攀谈中得知,老雷来自河南辉县,与梁效珍的父亲年龄相仿。几天后,他们便熟悉得像一家人一样,老雷称爷爷奶奶为大爷大娘,喊梁效珍的父亲为二哥。

遗憾的是,尽管梁效珍一家人用尽全力,但还是没能挽救回老雷的性命。

1940年腊月的一个冬夜,老雷走了。

近3个月时间的相处,梁家与老雷有了深厚的感情,爷爷奶奶甚至把他当成亲儿子一样看待。眼睁睁看着一个年轻生命消逝，一家人悲痛万分，奶奶更是痛哭失声，无法自已。在报告村公所后，他们把老雷安葬在村里的大扇儿墙根底。

自那以后，每年的清明、十月初一，梁家人在扫墓祭祀先祖时，必去大扇儿的墓地。

梁效珍记得刚刚懂事时，第一次跟随爷爷和父亲到老雷的坟前，爷爷让他跪下磕头，并叮嘱他："孩子，等你长大给家人上坟时，不要忘了给你雷叔叔上炷香、送口汤啊！"

"他去世时还是个孩子，从河南来到咱这儿，多不容易呀！20来岁就没命了，他是为了保护咱老百姓才牺牲的……"奶奶病重去世前，边抹眼泪边念叨。

梁效珍曾经的家

曾经安葬雷烈士的地方

1947年，梁效珍的母亲病故，爷爷建议也埋在大扇儿，说是能与雷烈士做个伴儿。从此，大扇儿的两座黄土坟前，摆着两份同样的祭品，安放两份同样的亲情。

80年后 NIANHOU

1982年，梁效珍的父亲病故，按照当地习俗，家人要将梁效珍的父母合葬在梁家祖坟。如何让孤坟中的老雷魂归故里，就成了梁效珍最大的牵挂。从那年开始，梁效珍连续三年给河南辉县民政局写信、打电话，利用工作之余多方查访，寻找烈士家人，但却因为信息掌握得太少，人们都不知道老雷的具体名字，也不知道他的准确籍贯，加之农村方言发音存在偏差等原因，梁效珍虽然下了好大功夫，但这事却一直没有着落。

1970年，梁效珍到了武乡县城工作，1980年，全家迁往县城定居下来。但每年清明、十月初一，梁效珍回村里上坟总是雷打不动，每次，他总要带着孩子们到大扇儿看看，给雷烈士上炷香、送口汤。

2014年，梁效珍得知武乡县八路军烈士陵园在建的消息后，便第一时间找到县民政局汇报了老雷的情况。民政局负责人非常重视，答应建好后一定将雷烈士安葬在烈士墓园。

2015年，梁效珍接到县民政局通知，要在农历二月初五派车将雷烈士的遗骸接往烈士墓园。

那几天，梁效珍全家齐上阵，按照当地安葬长辈的规格，置办了祭奠用的全部物品，提前一天回到村里。

二月初五一大早，大扇儿的烈士坟前，梁效珍焚香磕头，虔诚祭拜，与民政局的工作人员一起，用了整整一上午时间，捡出烈士遗骨，一块一块地按顺序整理摆放，用白布裹好。之后，又小心为烈士"穿"上民政局统一发放的八路军服装，内衣、鞋袜、外套、帽子、皮带等一应俱全。梁效珍双手抱起雷烈士遗骸，小心翼翼地将之放进棺椁后，再次向烈士焚香磕头，然后跟随灵车，前往八路军烈士墓园，安放于墓园西三台一区。

2015年8月28日上午，八路军烈士陵园第一批八路军零散烈士遗骨集中安葬仪式在庄严肃穆的气氛中举行，鲜艳的五星红旗覆盖在排列整齐的棺椁上，一束束菊花寄托着敬仰和追思。

看到雷烈士能与昔日的战友一起安眠于此，梁效珍多年的心愿终于了却。

自此，梁效珍一家每年坚持给八路军烈士扫墓的故事也流传开来，从县里到中央，各级媒体争相报道。

梁效珍也先后获得"感动长治"十大人物、山西省文明办"中国好人"等诸多荣誉。

面对荣誉、面对镜头、面对记者的采访，梁效珍总是低调而谦逊，他说："雷烈士为了国家、为了咱老百姓，20多岁就牺牲了，我们给他扫墓，应该的；我祖父母和我父母都是这样做的，我也应该；一代接一代坚持给雷烈士扫墓，也是我们全家永远要做的事……"

"从我嫁到梁家，他家就有这个风俗，上坟祭扫时总要给老雷烈士拿些吃的、泼口汤，再磕个头，家里孩子们自小就都让跟着去，全家都把老雷烈士当成家里的一个亲人对待。"梁效珍的老伴平静而深情地说。

梁家三代人在八路军烈士陵园给雷烈士扫墓

和爷爷奶奶不同，梁效珍的孙辈们对这件事有不同的认识和思考。

刚刚参加工作的外孙女李一凡说："上大学时和同学们聊天，说起我家的故事，大家都很惊奇也很感动，惊奇的是电视剧里的内容居然发生在身边，感动的是我们一家人一直以来的坚守。这时我才发现，我们习以为常的一件事，大家竟会这么有感触。那一瞬间让我意识到，红色故事要讲出去，太行精神要弘扬开来。今年五四青年节的时候，我代表市场监管行业的青年，参加了县里的五四晚会，这场晚会的主题正是'弘扬太行精神 以奋斗姿态激扬青春'。晚会最后，所有参演的青少年一齐上台谢幕，齐声高喊'做有理想、敢担当、能吃苦、肯奋斗的新时代好青年，做太行精神的传承者、弘扬者、宣讲者、践行者'。我想，这正是我作为第五代人的责任和方向，讲好我们家的故事，让太行精神深入人心，让红色基因代代传承。"

梁效珍的孙子梁磊，就读于山西师范大学，2023年暑假"三下乡"实践活动中，梁磊作为队长带领一支6人小分队，把红色武乡作为下乡的实践之地。一路讲述，一路感动，他们全家给烈士扫墓的烈士陵园自然成为队员们都强烈要求去的地方。回校后，梁磊小分队的"三下乡"实践活动报告受到辅导员及院校领导的高度赞扬，辅导员专门组织班会让梁磊宣讲，学院也发推文向全校推广。

"当我们6人恭恭敬敬地把一捧鲜花放置在老雷烈士的墓碑前时，内心特别感动。在我的家乡，类似老雷烈士的故事、我家的故事有很多很多,那么,把这些故事讲给身边人听,将这种精神传达给身边人,让大家在今天的幸福生活中牢记先辈们抛头颅洒热血的付出,勉励大家在自己的岗位上努力工作学习,就是我的责任和义务。"说话间,梁磊的脸上透出一份坚定。

朴素的情感、良好的家风、自觉的行为,这种看似平凡的行动,在一辈又一辈人的引领下,在一年又一年的坚持下,在不知不觉间已深入每一位家庭成员的意识中,进而变成一种责任和义务。

就如梁家扫墓队伍新加入的5岁小朋友杨崇颢(梁效珍大外孙女的儿子),必将在一次又一次的跟随中,将祭扫的景象,将墓碑上红红的五角星,将雷烈士的故事,潜移默化印进心里,伴随他成长。

温庄村,一处院落,两代守护

◎ 郝雪廷

年前
NIANQIAN

1940年9月,八路军总部决定以在武乡参加百团大战的军工部干部训练队为基础,创办一所军工学校,也就是中北大学的前身——太行工业学校,为军事工业培养管理干部和技术人才。为方便学员教学实践,经过考察,校址选定在距柳沟兵工厂不远的温庄村。

同时,从抗大特科大队、军工部干部训练队挑选出一批有特长、有专业知识的特种兵技术干部担任教师;学员则由八路军总部直属单位——山西青年抗敌决死队,太行军区、太岳军区的军工企业,晋西北、冀中、冀鲁豫的部队——选派推荐。

1941年3月初,太行工业学校举行了隆重的开学典礼,校长由曾在德国留学、时任军工部部长的刘鼎兼任,柳沟铁厂副厂长、英国留学生、冶金工程师刘致中担任副校长并主持日常工作,李非平任教务主任，厉瑞康任教导员，夏明任党支部书记。

典礼上，刘鼎校长明确指出："工业贵在应用，工校的校训是实际。要应用、要实际，必须从熟练上通过。"学校根据学员文化程度分别编为机械班、矿冶班、化工班，还有普通班、预科班和会计班。

八路军军工部部长兼
太行工业学校校长刘鼎

太行工业学校最主要的教学点设立在一座古色古香的四合院里。这座院子，原是财主李宗唐的家。李宗唐是一位开明乡绅，毕业于山西省立第一师范学校，曾经担任武乡县第三高级小学校长。听说八路军总部正在为太行工业学校选址，他主动把房子腾出来，供学校使用。

太行工业学校旧址

太行工业学校副校长刘致中

太行工业学校教师、刘致中夫人赵岱娥

1942年春节过后,学校又来了第二批学员,同时调来好几位老师。学校的教学方针是理论教学与生产实际相结合、课堂讲授与工厂实习相结合。理论教学主要在场院里、大树下或窑洞内按计划学习;生产实践到厂里,向工人师傅学锉棱角、锉平面、锉六方、钻孔,进而学做角尺、卡钳,然后学做产品。

那段岁月中,全体师生克服重重困难,精心探索,勇于创新,发明的"缸塔法"制造硫酸、"闷火法"韧化炮弹弹体、"坩埚炼铜锌法"炼制枪弹,被称为根据地"三大创造",堪称我军科技创新"从零到一"的典范。办学几年间,太行工业学校为抗日根据地各兵工厂相继培养出400多名军工管理干部和技术人才。

1942年5月,日军集中重兵,对太行根据地实行"铁壁合围"大

"扫荡",太行工业学校也处于包围圈中,学校师生开始分批转移。普二班班长、共产党员吴剑英带领几名女同学在山里转移时,对大家说:"我在前,你们在后,拉开距离。如果听到响声,你们就向后转!"果真,冲在前面探路的他被敌人包围,之后吴剑英毫不犹豫地拉响手榴弹,用生命保卫了战友的安全。

副校长刘致中带领学员,在崎岖峻峭的山路上转移突围,为了预防遇到搜山的日军,也采取同样的办法。刘致中赶着学校唯一的运输工具——小毛驴走在前面,突然遇到一处三丈余深的悬崖,旁边只有一条尺余宽的小路,而且有裂缝,如果在行走中坍塌,小毛驴就会掉进深沟,他于是决定自己先探路。刘致中踏着险路一步步挪,不料中途土方还是坍塌了,刘致中不幸掉下悬崖……

敌人的"扫荡"结束了。刘致中的妻子、太行工业学校教员赵岱娥一直等不回丈夫,焦急中写下小诗《念归》:"何事误归期,茫茫无消息。夜深人静时,孤雁霜天啼。"

1944年5月,因为经济条件不足,太行工业学校奉命停办。1946年2月改址长治后恢复办学,并更名为"长治工业学校"。1949年迁入太原上兰村,更名为"兵工职业学校",后几经更名,1993年又更名为"华北工学院",2004年更名为"中北大学"。历经抗日战争与解放战争的洗礼,学校几经变迁,却薪火相继。诞生在这个小山村的兵工学校,今天已成为众所周知的高等学府。

80年后 NIANHOU

对学校旧址所在地的这个院落，杨更新老人记忆犹新。他家原来就住在这附近一处土窑洞里，当时常常给学校灶房挑水、送炭。土改时，太行工业学校又将这个院子分配给他。抗战胜利后，杨更新参加了工作，从村里合作社到县供销社、县经委，后来筹建武乡发电厂时，他被抽调到筹建处担任厂工会主席，不管工作如何变化，他都不离开这座院子，一直小心守护着这处旧址。

后来日子好了，村里大部分人家都翻修房屋。有人也劝他将房子翻修翻修："民国5年（1916）盖的房子，太老旧了。"可杨更新老人坚决拒绝："翻修了家明亮了，可许多历史记忆却也随之消失了，也许再也找不到当年八路军驻扎的那种感觉了。"看着这座院子，当年八路军学员"门板当黑板，背包当坐凳，膝盖当课桌"的情景历历在目，想起来就倍感亲切；屋子里的桌椅还是当年李宗唐家留下的，上面残留着八路军学员的气息；正面楼上用石灰抹在墙上的两块黑板，还清晰保留着授课时的数学方程式和化学元素符号等。

这里的一桌一椅、一砖一瓦，都是历史的见证，守护好这座院子，就是守住了历史，这是杨更新老人肩上沉甸甸的责任。

温庄村现在已经成为爱国主义教育基地

杨更新老人还常常把当年参加刘致中烈士追悼会并帮忙搭建灵棚的情景,讲给儿子杨树伟听,边讲边叹息。在父亲的教诲下,杨树伟也对这个院落、这段历史格外上心。

20世纪90年代,从太行工业学校走出去的学员有人故地重游,寻找当年的记忆。1995年,华北工学院团委带着学生来到温庄村,进行社会实践,同时寻根。杨更新老人热情接待并为他们讲解。此后,中北大学每年都会派遣领导、老师与学生回到温庄村,进行社会实践活动,重温当年历史,接受党性教育。

2000年,杨更新老人去世时,对老伴千叮咛万嘱咐:"看护好阁楼,这是部队的东西,上面写了很重要的内容,部队可能还会回来,也许还需要。"

杨更新老人去世后,杨树伟接过父亲的使命,继续守护这处遗址。他另外找地方修了新房，对这座房子老旧漏雨的地方进行了修补，把它作为太行工业学校旧址小心翼翼地保护起来。同时积极联系有关单位，了解文物修复相关规定。2014年6月24日，由中北大学投资，武乡县文物管理中心与温庄村联手对旧址进行维修保护，恢复了原样。

此后，村里多次向县文物部门反映，经省市专家多次考察调研确认后，县文物中心投资，对学校教师和学员办公、学习、居住的地方一并进行了修复。

不仅如此，杨树伟还孜孜不倦查资料、学党史、找专家，挖掘红色资料，他发现河北科技大学的根也是太行工业学校。1949年8月，

修复一新的太行工业学校旧址

华北兵工职业学校抽调部分教职工组成职校二部，到河北办学，几经变迁发展成河北机电学院；1996年5月，在河北机电学院基础上，合并河北轻化工学院、河北纺织职工大学等组成河北科技大学。

杨树伟先后被选为村委副主任、主任，村党支部书记，工作越来越繁重，但传承红色基因依然是他与温庄村工作的重中之重。

一批批前来参观的人群，怀着敬仰之情聆听着80多年前艰苦建校的办学故事，感受着革命先辈在这里度过的时光，仿佛与先辈们展开穿越时空的对话，透过历史的缝隙，感受伟大而卓绝的太行精神！

一座院落，在杨家父子的精心守护下，闪耀着红色文化的熠熠光芒。

现在，中北大学与武乡县文物部门也商定开展共建活动，充分利用红色资源，把太行工业学校旧址打造成优秀的爱国主义教育基地、红色旅游景区、伟大太行精神的新阵地。

温庄村，也正在依托这一宝贵的红色资源，积极创新转型。当年那段远去的历史，正在成为创造美好未来的不竭动力。

八音，绵绵不绝石板村

◎ 郝雪廷

年前
NIANQIAN

走进石板村，就仿佛走进抗战历史，这里的一石一砖、一院一屋，无不蕴含着血与火的赤诚。

1938年至1941年，八路军一二九师师部曾4次在石板村驻扎。

1939年秋，一二九师供给部在石板村筹建了炸弹厂，解决民兵、游击队、县独立营等地方武装的武器问题。厂部设在王跃元家正楼。焦正大任厂长、张捷任指导员；八路军总部军工部先后派张平、李盘铭和刘生堂等技术工人来炸弹厂负责技术工作。材料缺乏，他们就从柳沟兵工厂调拨成品或利用旧手榴弹壳子；没有炸药和发火药，就用土硝硫黄、木炭制成炸药，用火柴头上的药粉制成发火药，手榴弹上的木柄是用当地木匠旋纺锤的传统做法一个一个制作而成的。

1940年初，正式投入手榴弹生产。开始每炉只能浇铸40个左右

一二九师总部首长住宅

兵工厂生产的炸弹、地雷

华龙纺织厂旧址

八路军兵工厂旧址

质量不高的壳子,但这些为以后批量生产打下了基础。1940年6月,该厂调归太行军区第三军分区领导,后来搬到石门。石板村生产的炸弹,为八路军的游击战做出很大贡献。

百团大战时,一二九师师部再次进驻石板村,总部与师部首长在此商讨百团大战部署。关家垴战斗打响后,石板村前的老林圪顶王家祖坟地搭起临时指挥所,与东北方向的彭总指挥所、东南方向的陈赓指挥所遥相呼应,共同指挥了关家垴战斗。

硝烟弥漫中,石板村目睹了这场正义与邪恶的较量,也铭记了所有用鲜血和生命守护民族尊严的战士。

为了解决军队服装问题,师部还在王跃元家创办了纺织厂。纺织厂主要生产毛毯、袜子、毛巾等,在战争年代起到很好的后勤保障作用,一直到1945年以后纺织厂才迁到晋中榆次,即晋华纺织厂的前身。

1943年3月,武东县政府和县武委会在石板成立了修械所。

一二九师4次进驻石板村,每次都驻扎在三先生家。

三先生是武乡有名的乡绅,大名王全瑾,因其排行老三,人们都尊称他为三先生。三先生是前清秀才,性情儒雅,刚正严谨,温良宽仁,颇具古仁人之风。民国9年(1920),因助赈有功,阎锡山为他题写"扶危济困"匾额。

面对日军的肆虐,面对八路军将士的浴血奋战、亲民爱民,年逾花甲的三先生深受感染,挽襟振臂,与侄子王跃元一道投身抗战。

在一二九师多次进驻石板村的时候,他打开自家仓库,把粮食送至八路军炊事班。师部数百人的生活、一百多匹马的草料,全部由他和侄子慷慨解囊援助。部队要给他们钱财,他们坚辞不收。

1941年,叔侄二人双双被选为太行第三专区参议员,留下"一门两参议"的佳话。

部队每次到石板村,三先生都把最好的房子腾出来,让部队住。刘伯承师长和邓小平政委就曾在这里住过。

三先生有不少藏书,还有珍藏的古本《石头记》,刘伯承师长知道后,很想看看这本《石头记》。三先生虽然爱书如命,但他敬佩刘师长有儒将之风,能在战争之余读读《石头记》,实属不易,而且知道这书三天两天是看不完的,为了却首长心愿,三先生就将《石头记》赠送给了刘师长。

刘伯承师长对三先生的慷慨感激不尽,一个爱书如命的先生,肯把自家的看家宝贝赠送给他,太有点过意不去了。临走时,他把自己的毛毯回赠给三先生:"这是我的一点心意,希望你能收下,也算我与老先生交情的一点记忆。"赠书回赠的故事,在武乡传为佳话。

石板村水资源本就短缺。师部驻扎以后,饮水更是成为一个难题。为了帮助村民解决用水问题,也缓解部队吃水和饮马困难,八路军在村外挖出一股山泉,修建了饮马池,彻底解决了石板村人畜用水困难的问题。

村民除了提供房屋供部队居住外,还帮助部队转移、隐蔽。村前有大片森林。每当敌机轰炸时，村民就帮助八路军把骡马辎重全部隐匿于松柏林中，减少了马匹伤亡，保证了战斗需要。

石板村还有一个八音会，早在民国初年就很有名望，这个八音会的掌舵师父叫韩庚江。自幼家贫的韩庚江7岁时害眼病无钱治疗，导致双目失明。12岁就跟柳泉村田青才学习乐器，熟练掌握了笙、管、笛、琴等乐器的演奏技术，尤其擅长唢呐和三弦，并学会了瞽调说唱，在乡间素有乐王爷之称。

1938年，韩庚江加入牺盟会，并与几位盲艺人一道组建了武乡县盲人宣传队。

1939年夏天，八路军结束第二次反"九路围攻"后，一二九师师部进驻石板村。韩庚江得到这个消息后非常高兴，带着他的八音会，来到师部机关驻扎的院子前，拿出自己的看家本领"吹奏四支唢呐"，吹起了《大得胜》。

这次演出非常成功。一二九师政治部蔡主任专门找他谈话，让他多编演一些八路军抗日的故事，以此发动群众、组织群众、武装群众共同抗日，并给他讲了"九路围攻"的故事，特别讲述了新一团团长丁思林牺牲的经过……

当天夜里，韩庚江的演出班子就即兴在师部门口摆开摊子："日本鬼子好凶残，九路围攻晋东南。八路健儿齐上阵，辉煌战绩说不完。上场来四句提纲表罢，请听我把英雄团长丁思林的故事说一段……"

韩庚江利用三弦瞽书,把英雄团长丁思林英勇抗日,又不幸中弹牺牲的可歌可泣的事迹,以及威武不屈的英雄气概淋漓尽致地演绎出来。在场的将士和老百姓感

韩庚江带着八音会成员在演出

动得潸然泪下,激起对侵略者的仇恨。

此后,每当听到八路军打了胜仗,他总要编成段子,四处演唱,为宣传抗日、激励人民奋起杀敌起到了很好的宣传、鼓舞作用。

1939年12月,中共中央北方局和八路军总部在王家峪举行"庆祝朱总司令寿诞大会",韩庚江带着他的八音会班子前往助兴。

演出时吹打并重,文武相接;声情并茂,高亢悲壮;吹唱互补,荡气回肠。独特的民间艺术,让许多来自南方的老红军将领,感受到了黄土高原粗犷豪放、高亢激昂的表演风格。

演出结束,观众赞不绝口。总部首长过来和他们握手,并亲切地说:"非常感谢你们的演出,这演唱如同战鼓,唢呐胜似军号,一板一式中都充满战斗激情,我看这个八音会就叫'战地八音会'好不好?"

从此,韩庚江的八音会就有了一个响亮的名字:战地八音会。

8年后
NIANHOU

2021年秋天，接连几日瓢泼大雨，石板村的一处土窑洞悄然坍塌，大堆黄土顺坡漫下。这个土窑洞就是曾经的兵工厂。雨后，眼明的村里人很快从中发现了一些规则的铁东西，一看，原来是当时制造的炸弹、地雷等。

一番挖掘清理后，一些半成品的炮弹外壳清晰地展现在众人眼前，虽然泥迹斑斑、锈迹满满，但是每个把它拿在手心的人都会感觉异常沉重。

不仅当时的兵工厂毁损了，就连当时的冀南银行、华龙针织厂、修械所等也面临坍塌的命运。如果任由这些红色遗址损毁，八路军战士们大干革命的饱满激情、奋发图强的精神风貌，今天的人将不能身临其境地深刻感受。

这年10月，石板村新一届党支部书记兼村委会主任王俊伟上任。这个年轻人从小住在华龙纺织厂院内，常听老人们讲这些红色故事，深受影响。大学毕业后他于2005年参了军，是北京天安门广场的礼炮兵，曾参加过2008年北京奥运会开幕式、庆祝中华人民共和国成立60周年大会等大型活动的礼炮鸣放，多次荣立战功。复员后回到生养自

三先生家院外

三先生家院内

三先生家大门

己的村庄，三官庙的一二九师司令部、警卫连、士兵住址、兵工厂、纺织厂、冀南银行、修械所……一处处红色旧址引起王俊伟的重视。

  上任后，王俊伟带着村中年长者，用十几天时间确认了所有旧址，并把每个旧址都做了牌子悬挂起来，他要先在村里进行红色文化普及。接着，他和村"两委"班子商量，继续推动文物旧址修复工作。2022年4月，在武乡县相关单位的协助下，修复工作正式启动；2023年，华龙纺织厂旧址、一二九师首长住址已经修复完工；2024

年，八路军一二九师司令部旧址修复完工。

依托一二九师师部驻扎地的红色资源优势，石板村推进了17座传统院落、戏台、庙宇等古建筑的修复改造，使重要革命文物得以保护。

2023年，王文景作为打铁第三代传人偕同三四位同行重新启动打铁，传承技艺，再现当年兵工厂、修械所战争年代的红色场景，让人们真实感受战争年代的氛围。

今天，三先生的旧址已经修复，这不仅是三先生家的荣耀，也成为石板村教育激励后人的经典教材。

刘师长回赠的毛毯，成了三先生家的传家宝，一直珍藏着。1944年，三先生的孙子王争先决定投身革命。临别时，他奶奶把毛毯送给孙子，叮嘱他一定要好好保存刘师长的礼物。于是王争先将这条毛毯一直带在身上，八路军太行纪念馆成立时，他把它作为文物进行捐赠。

村中的饮马池一直为石板村人民服务。饮水思源，只要站在池边、用到水，石板村的老百姓就会想到一二九师，想到刘伯承师长、邓小平政委，想到八路军与老百姓之间的鱼水情深。随着社会的进步，饮马池有了新的用途，它被石板村百姓重新修葺，成了石板村百姓的自来水饮用地。

一个个红色故事，石板村人把他们收集整理成一个小册子，希望经典永流传。现在石板村人个个是红色故事讲解员，村子里每个人都熟悉八路军遗址，能讲得清每一个宅院住了哪些人、发生了哪些事，就连小孩子也知道一二九师、知道兵工厂与纺织厂……石板村人走到哪里，就把这些故事宣讲到哪里。

韩庚江去世后，他的两个儿子韩效忠和韩晋忠继承了"战地八音会"。两兄弟从小跟着父亲学音乐，长大后都成为单位文艺骨干。二人退休后主动回村，与村里的八音会团体结合，恢复了"战地八音会"这个品牌。

自小听惯了父亲的演奏和哼唱，韩效忠和韩晋忠对这些旋律非常熟悉。他俩在韩庚江老人当年曲子的基础上，精心修改，加入新时代的元素。

像当年的父亲一样，韩晋忠尽管已超过70岁，但仍活跃在八音会的舞台上，他的身后，跟着中年，跟着青年。

他们演奏时，激情飞扬，锣鼓铙钹，上下翻飞；唢呐笙箫，余音绕梁，似乎又回到了当年的战场。

接过爷爷的接力棒

◎ 宋 玲

80年前
NIANQIAN

　　武乡县砖壁村，地形奇异，它背靠箕山，南、北、西三面临崖，村东南的小松山，松柏丛生，地形地势极为险要，只在村西有一条峡谷通往山外，素有"砖壁天险"之称，是一个难得的天然战略要地。抗战时期，砖壁村是八路军总部所在地，当时朱德、彭德怀、刘伯承、邓小平、左权等老一辈无产阶级革命家在此长期生活和战斗，指挥了华北抗日根据地许多重大战役。

　　砖壁，也是中外闻名的百团大战指挥部所在地，一道道命令就是从这里发出的。1940年8月8日，随着彭德怀一声令下，八路军突击部队像猛虎下山一样同时扑向日军的车站、据点和碉堡，一处接着一处的爆炸声响彻正太铁路全线。八路军以105个团约27万人的兵力，在华北这片5000里长的战线上，进行了大小战斗1824次，沉重打击了日

抗战时期砖壁村墙上的口号

肖江河（右）在接受采访

军的囚笼政策，为抗日战争的最后胜利奠定了坚实基础。

砖壁村，因此成为八路军指挥抗日战争的心脏和中枢。

1939年，当八路军总部机关驻扎到砖壁村时，年仅10岁、正在上小学的肖江河被朱德总司令看中，参加了儿童团。从此，年少的他与团员们一起执行站岗、放哨、查路条，用少年的身躯担负起送书信等各种支前工作，走上抗日救国的革命道路。

从1939年7月到1942年6月，八路军4年间4次在砖壁村驻扎。这期间，肖江河与村里的儿童团员们一边进行支前工作，一边学习由朱总司令夫人康克清送给学校的《抗日读本》和《战时新课本》。

彼时，武乡大地正是硝烟四起、战火连天的光景。肖江河目睹了家乡、亲人、支前民兵和抗战官兵惨遭日军杀戮的场面，目睹了日军对家乡的烧杀抢掠，当然也见证了八路军总部首长官兵帮助砖壁村村民挖水池、打旱井、收秋、碾面、救治病人，以及全村乡亲为八路军战士捐粮草、送弹药、缝衣做鞋、抬送伤兵的场景。

一幕幕腥风血雨的残酷现实，一宗宗军民鱼水情深的热烈场景，在肖江河的心里留下深深烙印。从此，一颗革命火种在这片土地上燎原；一份革命信念在年幼的肖江河心底生根、发芽，使他成长为一名有胆有识、有勇有谋的红色少年。

1940年，总部入驻砖壁村中一所占地1600平方米、被当地百姓称为"万圣厅"的庙宇，庙宇中有38间廊厅，左权就住在其中一间小房间里，彭德怀住在后院，朱德则住在距离庙宇不远处老乡提供的一处南房里。当年，八路军总部只有500多人住在砖壁村老百姓家，大部队都驻扎在砖壁村周围的村子里。

但即便这样，随着总部的入驻，原本吃水就难的村子用水更加窘迫了。为了解决这个问题，八路军战士们昼夜苦战，不到半个月就为老乡挖出一眼43米深的水井。隔了一段时间，两眼水井、7眼旱井，以及掘池筑坝工程全部完成。不仅如此，彭德怀还在庙中亲手栽种了一棵榆树，为村里的孩子修建了篮球场。

1943年，肖江河考取了武乡县第五高小，在学校里，肖江河刻苦学习、积极上进，努力掌握知识和技能。顺利完成学业后，于抗战胜利后的1946年毕业分配到教育界，成为一名光荣的人民教师。

1961年3月4日，八路军总司令部旧址被评为第一批全国重点文物保护单位，八路军当年留下的水井、旱井、水池堤坝也成为砖壁村一道亮丽的风景线。

执教44年的肖江河在教师岗位上光荣离休后，将余生的所有时光和满腔热情全部奉献给他热爱的红色事业。34年时间里，他集中精力收集整理八路军总部4次进驻砖壁村所发生的各种事迹资料，先后编写了图书《八路军总部旧址砖壁村村志》《光辉永照砖壁村》、武乡琴书《八路军总部在砖壁》、武乡秧歌剧《鱼水情》等。此外，还创作了歌颂抗战胜利和反映革命老区建设、人民幸福生活的诗作200余首，针对党、政、军、学等爱国主义革命传统教育的讲解稿20余篇；与此同时，为党、政、军和高校学生讲解2000多场。2015年，85周岁的肖江河代表太行山革命老区支前模范赴京参加阅兵庆典。

2022年，92岁的肖江河去世。

8年后 NIANHOU

肖江河的孙子肖建廷，于20世纪90年代出生在砖壁村。彼时，砖壁村，当时的抗战指挥中枢，已成为红色旅游胜地。

从小就带着伙伴们在家里听爷爷讲革命故事的肖建廷，会挑选出有趣的故事编成小剧本，带着伙伴们到打谷场进行演出。后来，他一

肖建廷在砖壁村为游客讲解

路读中学、上大学，毕业后有了一份体面而稳定的工作。

然而，在他心里，眼前的工作总是不如他所愿。业余时间，他还是喜欢听爷爷讲解。爷爷的普通话不好，于是他就帮着爷爷做起了翻译。他佩服爷爷的敬业精神，哪怕是一张床、一盏灯，爷爷都要认真讲给游客听。

这些细节，也一一铭刻在肖建廷的骨子里，深深地影响着他对人生道路的选择。

2011年，肖建廷毅然辞掉稳定的工作，决心考取八路军总部旧址纪念馆红色讲解员这一岗位，他想沿着爷爷的足迹走下去。

功夫不负有心人，经过层层遴选，肖建廷考取了梦寐以求的岗位。接到就职通知书的那一刻，他感觉自己仿佛考上清华与北大一样，满心欢喜。

第一时间，肖建廷拨通了爷爷的电话，兴奋得词不达意，电话那头的爷爷一字一句慈祥地对他叮嘱与教诲。

千言万语汇成四个字，那就是"责任、坚持"。

尤其是2015年，年满85周岁的肖江河被选中，代表太行山革命老区支前模范，赴京参加了中国人民抗日战争暨世界反法西斯战争胜利70周年大阅兵。当肖江河带着阅兵的喜悦和荣誉返回家乡后，弘扬和传承抗战精神的劲头更足了，他不顾年老体弱，整天忙着向乡里乡亲和各地游客讲述阅兵的盛况和伟大的中国人民解放军现代化建设以及武器装备的发展成果，盛赞在党的英明领导下新中国建设的辉煌成就，由衷感谢党和国家对为抗战胜利付出心血的老一辈的重视和关心，并且用手中的笔写下自己的感想和体会。

86岁至93岁的8年间，是肖江河宣讲场次最多、成果最丰硕的时期，接待的团队既有党政机关、现役军人、大学院校师生，也有各种干部廉政教育培训班的学员、中小学生社会实践和爱国主义教育团队等。他还受邀参加了山西省委民主生活会专题宣讲，耄耋老人的这种爱国情怀受到了社会各界的广泛赞誉，也谱写出了一曲曲动人的乐章。

这一切，深深影响着肖建廷，他时常想起爷爷之前叮嘱他的四个字：责任，坚持。这四个字成为他坚守这份工作的信念和警钟，让他

今天的砖壁八路军总部旧址　（李晓斌　摄）

在后来的工作中勤勉又吃苦、守正又创新。

一年又一年,肖建廷在砖壁这片土地上从事着讲解工作;一天又一天,迎接着南来北往的游客。

他拿着爷爷撰写的章回故事《光辉永照砖壁村》告诉每一位游客,这43000多字的作品是爷爷84岁时完成的。当年,爷爷将每一个故事都用文字留存下来,到他这里,他必须用自己的方式再次传承下去。

"这样蓝蓝的天,这是什么人的队伍上了前线,叫声呀老乡静听凤鸣,这就是咱坚决抗战的八路军……"这是爷爷生前最喜欢的一首抗战民歌。现在,肖建廷在讲解中常常不由自主就哼唱起来,为曾经的抗战英雄,也为逝去的爷爷。

他动情动容的讲述,得到越来越多游客的认可。当人们夸赞他时,他总是很平静。他希望九泉之下的爷爷能够安心,希望那些牺牲在这片土地上的战士能够安心。

还有更令人欣慰的,那就是肖建廷的妻子也是砖壁村八路军总部旧址的一名优秀的讲解员,在全国大赛中多次获得"优秀讲解员"称号。夫妻二人手牵手,共同接力完成爷爷未走完的路。

藏品背后的红色故事

◎ 李国清　蒋　殊

80年前
NIANQIAN

　　1938年4月，太行山的春风里还夹着飕飕的寒意，刚刚解冻的浊漳河水把积压了一冬的情绪汹涌地迸发出来，欢快地开始了春的奔腾。就在这刚刚开始的春天里，就在所有植物所有土地准备蓄势待发的日子里，日军也在蓄谋一场罪恶的大行动。他们把进驻太行山后连输几仗的恼怒积蓄起来，决定投入巨大的力量进行报复。4月16日，3万日军从同蒲路的洪洞、太谷、榆次，正太路的平定，平汉路的高邑、邢台，邯长大道上的涉县、长治，以及临屯公路上的屯留等地分9路，顺着浊漳河一路压向辽县（今左权）、榆社、武乡、襄垣，目标是摧毁八路军初创的太行抗日根据地。

　　这场战斗中，有一个英雄，名叫叶成焕，来自河南大别山区光山县（今属新县）的一个山村。家人省吃俭用，把叶成焕送入当地私塾念了一些书,使他成为家里"成"字辈中唯一一位读过书的人。

读过书的叶成焕15岁参加革命,次年(1930年)参加鄂豫皖红军。没想到叶成焕是个军事奇才,小小年纪便屡建战功,很快担任了师长、师政委等职,成为红四方面军的一位著名战将。1937年,全面抗战爆发后,叶成焕由师政委改任八路军一二九师三八六旅七七二团团长。同年9月30日,受命率团随旅部向太行山地区挺进。

叶成焕

一路走,一路打。年轻的团长用战绩告诉一二九师,无论面临怎样的危机,他都能取胜。因此,师长刘伯承只要听到前方指挥是叶成焕,一颗提着的心就会放下。

多次负伤的叶成焕身体极其虚弱。平时他总是沉默地思考,将积蓄的神勇放在冲锋时刻。他领导的七七二团被誉为"攻如猛虎,守如泰山,百战百胜,七七二团"。初上太行山,在他的指挥下便接连打了长生口、七亘村、黄岩底等几个漂亮仗,叶成焕英名传遍太行。

日军发起"九路围攻"时,叶成焕正患着肺病。听到陈赓旅长不让他参加战斗的消息时他心急如焚,跑去请求:"二团(七七二团俗称)还没有打过这样的大仗,还是让我指挥这一战吧!"

这一战，被叶成焕求到手。于1938年4月16日早7时沿浊漳河北岸由西往东寻找最佳作战点。找准时机后，部署一营二营分别占领了里庄与型村两个村庄制高点。

早晨7时，日军一〇八师团二十五旅团一一七联队3000余人耀武扬威地出现在浊漳河谷。叶成焕带领的七七二团，与对面窑头村高地的七七一团遥相呼应，再加上七六九团的随后跟踪，使得日军辎重部队一进入目标区，便受到猛烈攻击。完全没有预料的敌人在"瓮中"一边挣扎，一边展开应对。从早7时持续到下午5时，尽管打得极其艰难，但八路军因提前周密部署而大获全胜，彻底粉碎了日军"九路围攻"的阴谋，更击碎了日军"三个月灭亡中国"的妄想。

日军不服，派来援兵。叶成焕与其他指挥者一样，接到撤退命令。他像以往任何一次一样，留在最后一个排撤退。一边撤一边仍不忘观察增援的日军，为再次出击做着准备。

他举着望远镜，望着望着，便走上一处高坡。

枪声呼啸而来，日军援兵已到沟下。通讯员急得大喊："高处危险，赶快下来！"可叶成焕说高处看得清，再等一等。说话的当儿，一颗子弹"嗖"一声从他衣袖穿过。

子弹天天在身边飞，他没有动。

英雄眼里，战场如平常。

可子弹毕竟是子弹，一颗颗子弹，都长着眼睛，执着地要射向"再看一看""再等一等"的叶成焕，他终究没有躲过精准冲他而来的第二颗子弹,叶成焕头部被击中。他晃了两晃,终于未能站稳,带着望远镜里的局势与新的作战计划,倒在一棵小松树旁。

团长叶成焕知道他的属下有牺牲,但不知道哪些爱将丢了命。因此在被特务连的战士们紧急抬着下山的路上,偶尔恢复神志的叶成焕还不住口地问:"哎,队伍,队伍呢?"

"队伍呢?"这是英雄最后的遗言,也是英雄最后的惦念。

随后赶来的师长刘伯承及旅长陈赓,彻夜守候在叶成焕身边。尽管带来师部最好的军医,但叶成焕终因伤势过重、流血过多,于两天后的4月18日凌晨与世长辞。

安葬叶成焕前,有人注意到,英雄的脚上还穿着一双破旧的草鞋。长乐村的民兵董来旺赶忙找来一双布鞋,把老区的温暖穿在英雄脚上。

叶成焕穿过的草鞋

他最后穿在脚上的那双草鞋，也辗转在1971年被武乡县委办公室副主任李彦南找到，陈列在武乡革命纪念馆，1988年3月送交八路军太行纪念馆。1999年5月，这双草鞋被鉴定为国家一级文物，永久陈列于八路军太行纪念馆抗战史馆第二展厅。

80年后 NIANHOU

像叶成焕脚上的草鞋一样的抗战物品，又有多少？

籍贵先，就将收藏红色藏品作为己任。他的藏品室不大，却摆放着许多大大小小的老旧物件，几乎占满整个屋子，物品虽多却摆放得井然有序。墙上挂满五花八门的相片，有的已经微微泛黄，有着久远的年代感，每一幅都用精美的相框保护起来。

与相片相得益彰的，还有另一堵墙上满满的荣誉证书和奖状。

介绍起这些藏品，籍贵先可谓如数家珍。哪一件是哪个年代的，当初是干什么用的，自己是如何收藏到手的，收藏的价值和意义在哪里……仿佛他就是从那个年代走过来的人，从他的讲解中，藏品似乎被赋予了鲜活的生命，活灵活现地展现在面前，将记忆又勾回到那一段烽火连天的苦难岁月中。

籍贵先的"抗战博物馆"

每一次，他都讲得忘情，讲得听众热血沸腾。

他轻轻地抚摸着每一件藏品，生怕弄疼它们。这是军刀，这是军号，这是地雷，这是军用水壶、票证、契约……此刻，他尽显七尺男儿的另一面柔情。随着他的娓娓道来，仿佛每一件藏品都在向人们讲述一个故事，或令人振奋，或催人泪下，或感人肺腑。从它们斑驳的锈迹中，仿佛感受到那一段历史带来的厚重与沉思。

他拿起一把军刀，小心翼翼地展示着。

"一般军刀这个地方是没有五角星的，但这把八路军军刀却有一枚五角星，这样的藏品100把里面也没有一把，是非常非常珍贵的。"他边向人们展示军刀上护手和刀刃中间的五角形图案，边讲解着，自豪感不言而喻。

军刀虽历经岁月沧桑不再有昔日锋芒，但依然可以从它身上感受

籍贵先（中）给武乡文物爱好者讲述收藏的红色藏品故事

到令敌人胆寒的杀气。

琳琅满目的藏品，一件件整齐摆放着。这些藏品有的早已破旧残损，大多数已随时光的流逝而被人们淡忘，更有甚者曾被持有者当作废品垃圾，若不是籍贵先不辞辛苦地搜寻、挖掘、收集、整理、保存，给予它们第二次焕发光芒的机会，它们或许将慢慢消失在历史长河中。

籍贵先，1960年6月出生于武乡丰州，因叔叔和舅舅都是很早便参加革命，投身抗日和解放事业，所以他从小便在革命的家庭氛围中耳濡目染，对红色有着一种独特的喜爱，尤其专注于武乡抗战文物的收集。从1974年开始，通过几十年的努力，籍贵先收藏的抗战文物已有4000余件，其中包括抗战报纸、布告、通令、抗战单据、书籍书信、相片、瓷器、像章、军用大刀、手榴弹、地雷等100多个种类。

这些文物对八路军在武乡的抗战历史和古老武乡的风土人情研究有着十分重要的意义。

为了找到有价值的物件，他几乎跑遍了武乡每一个村庄，甚至出县出省，到北京、上海、杭州等大城市。只要听说哪里有与抗战有关的旧东西，不管刮风下雨他都要第一时间赶过去，生怕晚了错过。有时为了一件藏品，他无数次往返，许多藏品都是他死磨硬泡才得到的。能买就买，买不到就大打人情牌，晓之以理，动之以情，托关系也要买到手。曾经有一件当年军队用过的医药箱，极其稀少珍贵，为了买到它，籍贵先不惜在对方家中"死缠烂打"了整整一天，跟进跟出，讲友情，摆道理，最后总算买了下来。

那些年，籍贵先将为数不多的工资都用来搞收藏了，袋子里的钱越来越少，可藏品却逐渐增多。尽管条件好了、工资高了，但藏品的价格也水涨船高，有时一件藏品动不动就大几万，但只要他觉得有收藏价值与纪念意义，不管多少钱他都会咬牙买下。有人不理解，甚至不乏嘲笑者，说他拿钱买了一堆没用的破烂，他也是一笑了之。

对于这些辛苦收到的藏品，他看在眼里、乐在心中，他说："收的物件多了，故事也就多了，对那段历史就有了更深的了解。有人收藏，既能让它们更好地被保存下来，也能让更多的人勿忘国耻、珍惜和平。"

2016年，籍贵先在粮食局宾馆设立个人抗战博物馆，面向社会开放。他毫不吝啬地将自己千辛万苦得来的珍贵藏品与参观者共享，并

籍贵先收藏的部分红色藏品

不厌其烦地为每一位参观者解说、回答他们的问题。博物馆自设立以来，先后接待数千人参观学习，其中不乏外地慕名而来的学者与收藏家。

随着藏品越来越多，籍贵先已经不满足于只在自己的小屋展出，他把目光瞄向更大更广阔的舞台。

2018年7月6日，由籍贵先提供的600余幅（件）包括抗战书籍、照片、勋章、账簿、报刊、单据、八路军生活和战斗用品等藏品，在八路军太行纪念馆半景画馆以"抗战文物"为主题展出。

展览现场，许多将帅子女睹物思人，回想起父辈当年金戈铁马的战争岁月，不由得感慨万千。

一次展览，就是一堂生动的历史课。由此受到洗礼与教育的人，又何止千万。

如今，年过六旬的籍贵先，仍然在红色收藏的道路上孜孜不倦地探索着。